"Mae gan Peter ddawn dweud unigryw: mae'n gwneud i chi werthfawrogi o'r newydd pa mor werthfawr yw'r presennol."
David Bradford, *Cycling Weekly*

Mae Andy Jordan, sefydlydd/prif swyddog creadigol Needle Space Labs a gwneuthurwr fideo sydd wedi'i ddisgrifio gan yr Alzheimer's Society fel un o'r goreuon o'i fath, yn galw stori Peter yn 'bwerus ac ysbrydoledig'.

OLWYN SGWÂR

BYW'N DDA GYDA DEMENTIA

PETER BERRY A DEB BUNT

y olfa

Cyhoeddwyd gyntaf ym Mhrydain Fawr yn 2020 gan

The Book Guild Ltd
9 Priory Business Park
Wistow Road, Kibworth
Swydd Gaerlŷr, LE8 0RX
Rhadffôn: 0800 999 2982
www.bookguild.co.uk
E-bost: info@bookguild.co.uk
X: @bookguild

Cysodwyd mewn teip Minion Pro 11pt

ISBN: 978-1-80099-607-6

Data Catalogio Cyhoeddi y Llyfrgell Brydeinig.
Mae cofnod catalog ar gyfer y llyfr hwn ar gael o'r Llyfrgell Brydeinig.

Cyhoeddwyd ac argraffwyd yng Nghymru
ar bapur o goedwigoedd cynaliadwy gan
Y Lolfa Cyf., Talybont, Ceredigion SY24 5HE
e-bost ylolfa@ylolfa.com
gwefan www.ylolfa.com
ffôn 01970 832 304

Yn gyflwynedig i fy nhad, Jimmy Berry (Elderberry) 1926–2019, y mae ei eiriau anfarwol, "Mae gen i gof gwael, Peter, ond dydw i byth yn anghofio hynny os dwi'n meddwl am y peth," wedi aros efo fi erioed.

Diolchiadau

Mae'n rhaid diolch i Sue am ei sesiwn hyfforddi effeithiol ar ddiwrnod cyntaf tymor pêl-droed 2019–20 (dyna drueni na fyddai rheolwr Arsenal yn gwrando arni), i Howard am ei amser a'i bwyso a mesur adeiladol, i Martin am ei amynedd, ei gariad a'i daenlenni gwych, i ddilynwyr Facebook Peter am eu hanogaeth, i Charmian am y cyfarfod ar hap a'i ffotograffiaeth ac, wrth gwrs, i Peter a Teresa am fy nghynnwys i yn eu bywydau ac am fod yn ffrindiau mor dda.

RHAGAIR

GAN WENDY MITCHELL
AWDUR POBLOGAIDD
SOMEBODY I USED TO KNOW / WYNEB CYFARWYDD

Pan fyddwch chi wedi cyfarfod ag un person â dementia, dim ond un person â dementia y byddwch chi wedi'i gyfarfod. Mae gan bawb ei stori unigryw i'w hadrodd, a does yr un stori yn llai pwysig na'r llall. Dwi wedi gweld Peter a Teresa yn rhai o'n 'cyfarfodydd' ac mae eu hagosrwydd, eu 'gwaith tîm' yn erbyn y diagnosis creulon hwn, bob amser wedi bod yn gysur i mi.

Mae llyfr Peter yn trafod pa mor ddwfn y gall eich meddwl blymio yn sgil dementia, ac am ddod o hyd i'r cryfder i oresgyn yr heriau. Mae'r ffaith bod ei brofiad yr un fath yn gwmws â phrofiad ei dad yn dorcalonnus, ond mae ei gariad newydd at feiciau peni-ffardding a'r llawenydd sy'n dod yn sgil hynny yn eli i'r galon.

Fel pâr priod, mae eu bywydau'n cyd-redeg ac yn amlygu esblygiad perthnasoedd newidiol. Un frawddeg ingol sy'n mynegi hynny i'r dim yw hon:

"Mae Teresa yn 'dioddef' effeithiau dementia, wrth i Peter 'fyw' gyda dementia."

RHAGAIR

"Mae fy myd i'n troelli y tu allan i 'mhen i erbyn hyn, weithiau yn blaned bell yng nghysawd haul fy mywyd. Mae meddyliau'n troi'n sêr gwib sy'n hedfan heibio i fi ond heb stopio, yn lliwgar wrth basio ond yn cilio'n sydyn am y gorwel. Mae fel be bawn i'n blaned fach mewn cysawd yr haul mawr yng nghanol cant a mil o blanedau llawer mwy, a dwi'n mynd yn llai."

Dyma eiriau Peter Berry wrth i ni drafod ysgrifennu llyfr. Ar ôl cael diagnosis o ddementia cynnar pan oedd yn 50 a byw gyda'r cyflwr creulon a chynyddol hwn, mae Peter bellach yn cael trafferth rhoi beiro ar bapur, neu fys ar fysellfwrdd. Dwi wedi sylwi sut mae ei rwystredigaeth wedi dod yn gynyddol amlwg gyda phob mis sy'n mynd heibio. Mae ganddo gymaint i'w ddweud, cymaint o syniadau yn byrlymu o gwmpas yn ei feddwl, ac mae'n ymddangos i mi, wrth wrando arno, eu bod nhw mewn perygl o ferwi drosodd. Mae ganddo gymaint i'w rannu ag eraill a chymaint amdano ei hun mae'n awyddus i'w ddiogelu er ei fwyn ei hun a'i deulu. Ac eto, mae'n sownd mewn cors o rwystredigaeth; wrth i bob wythnos, mis a blwyddyn basio, mae ychydig bach mwy o fyd Peter yn cael ei sugno ymhellach i'r llaid lle mae'n aros, yn byrlymu'n dawel ar yr wyneb i ddechrau, ac yna'n pydru, cyn cael ei golli am byth. Dyw e ddim yn gallu ysgrifennu am ei fywyd nac adrodd hanes blwyddyn ryfeddol heb gymorth. Ac, fel halen yn y briw, fydd e byth yn darllen hanes ei fywyd, hanes y mae wedi gofyn i mi ei adrodd.

Fodd bynnag, fel gyda llawer o bethau ym myd Peter, dim ond aros am ateb mae problem, a dyna sut y daw cnewyllyn syniad. Rydyn ni'n cytuno y bydda i'n ysgrifennu ei lyfr ar ei ran, gan ddefnyddio ei eiriau ond yn anadlu bywyd iddyn nhw, fel eu bod nhw'n ddealladwy i bawb.

Mae'n baradocs creulon, efallai, fod dementia Peter, sy'n graddol ddarnio a chrebachu ei fyd, wedi creu byd hollol newydd i fi. Mae'r dementia, sydd wedi cau ambell ddrws yn ei gof yn dynn, wedi bod yn allwedd i fi ddatgloi rhan hyfryd o'r wlad ac ehangu fy ngorwelion, ac fe fydda i'n dragwyddol ddiolchgar am hynny. Mae'r dementia wedi dinoethi Peter mewn cymaint o ffyrdd, ond wedi fy mhorthi a'm cyfoethogi i; mewn tro rhyfedd ar fyd, mae ei ddementia ef wedi fy ngrymuso i. Un agwedd gadarnhaol ar ddementia Peter yw ei fod wedi rhoi cyfle iddo rannu'r byd y mae'n ei garu gymaint â rhywun sy'n awyddus i fod yn rhan ohono. Ac, yn bwysicaf oll, drwy wneud hynny, mae wedi adfer elfen o bwy oedd e cyn i'r cyflwr daro: dyn yng nghanol pethau, dyn o grebwyll a oedd yn gallu gwneud penderfyniadau.

Pan fyddwn ni'n seiclo, Peter sy'n dewis llwybr y daith a Peter sy'n arwain y ffordd. Peter sy'n gwneud yn siŵr bod y ffordd yn glir ar gyffyrdd, Peter sy'n delio gydag unrhyw faterion mecanyddol, a Peter sy'n meddu ar yr arbenigedd a'r gallu i drwsio unrhyw bynctiar. Pan fydda i allan gyda Peter, dwi'n teimlo'n ddiogel ac wedi fy nghysgodi, a dwi'n credu ei fod yn deall ac yn ffynnu ar hynny.

Mae fy mlwyddyn gyntaf yn Suffolk wedi bod yn daith ryfeddol i mi, ond taith a fu'n bosib oherwydd 'mod i arni gyda Peter ac yn gwylio wrth iddo wrthod cael ei drechu gan ei gyflwr. Ond, wrth gwrs, er gwaethaf ei herfeiddio a'i chwifio dwrn yn wyneb anghenfil dementia, fydd dim diweddglo hudolus i'r stori, dim tro annisgwyl yn ei chynffon. Yn syml, mae hynny'n amhosib.

Y gwir creulon yw mai dementia fydd yn cario'r dydd, ac er y gall Peter ddweud, "Peter Berry 1, clefyd Alzheimer 0" ar ôl diwrnod da, mae'r gêm yn mynd i orffen yn y pen draw a dementia fydd y yr enillydd creulon, hyd yn oed os yw Peter yn llwyddo i lusgo'r chwarae i amser ychwanegol a chiciau o'r smotyn.

Ond does gen i ddim ddiddordeb mewn unrhyw fath o ddiwedd, nac unrhyw awydd i feddwl amdanyn nhw. Fy nod i yw cofnodi pob math o ddechreuadau newydd a'r pethau anhygoel mae dyn â dementia wedi eu gwneud dros y flwyddyn dwi wedi ei adnabod. Dwi'n siŵr y bydd yn parhau i wneud mwy o bethau rhyfeddol, ond dwi'n mynd i roi fy mlwyddyn gyntaf yn Suffolk rhwng dau glawr drwy Peter. Mae egni a natur bositif Peter yn fy ngwneud i'n wylaidd ond hefyd yn fy llenwi â pharch aruthrol tuag ato, er ei fod bob amser yn gwrido wrth fy nghlywed i'n dweud hynny.

Yn anad dim, dwi eisiau ysgrifennu'r llyfr hwn oherwydd dywedodd Peter wrtha i unwaith, "Mae arna i ofn y bydda i'n anghofio pwy ydw i a'r pethau dwi'n gallu eu gwneud." Pan fydda i'n meddwl am yr holl bethau y mae Peter wedi'u rhoi i fi, dydw i ddim yn gallu meddwl am ddim byd gwell i'w roi yn ôl i Peter na'i helpu i gadw ei hunaniaeth ac i gofnodi ei feddyliau, ei weithredoedd a'i farddoniaeth drwy eu rhoi ar gof a chadw cyn iddyn nhw chwalu'n llwch mân a diflannu am byth.

Mae Peter yn ddyn sy'n mynegi ei emosiynau a'i deimladau gyda chryn rwysg telynegol. Dywedodd wrtha i, "Weithiau, mae fel pe bawn i'n sefyll mewn coedwig yn y niwl ac yn pwyntio tortsh i weld beth sydd yna, ond mae'r golau yn bownsio'n ôl ac yn fy nallu i."

Mae'r ddelwedd hon o'r goedwig yn rhyfeddol o addas: Peter oedd perchennog cwmni coed teuluol J.W. Berry, a fe oedd yn rhedeg y busnes cyn iddo gael ei orfodi i'w werthu. Does dim llawer o goedlannau neu goed yn Suffolk sydd heb weld ôl gwaith criw cwmni Berry.

Ond dyw e ddim yn gweithio bellach. Dyw e ddim yn gyrru bellach. Ar ôl bod yn greadur hynod annibynnol a phenderfynol erioed, wrth galon bywyd y teulu bob amser, mae e wedi gorfod cytuno i ildio rhywfaint o'i ryddid.

"Mae dementia wedi cymryd cymaint oddi arna i," meddai. "Fy incwm, fy hunan-barch, fy nyfodol." Mae'n oedi. "Ond dyma'r peth: dwi wedi cymryd cymaint oddi ar ddementia. Dwi'n byw bob dydd; dwi'n mwynhau bob dydd. Efallai 'mod i'n anghofio hynny eiliadau yn ddiweddarach, ond dwi wedi dysgu byw yn yr ennyd ac mae hynny'n beth gwych a gwerthfawr i'w wneud. Pa mor lwcus ydw i? Maen nhw'n dweud mai dim ond unwaith mae rhywun yn byw, ond nonsens ydy hynny: dim ond unwaith fyddwch chi'n marw. Mae rhywun yn byw bob dydd. A dyna yn union dwi'n bwriadu ei wneud."

Mae gwên Peter yn goleuo'r ystafell, gan daflu pelydryn disglair a chreu llewyrch drwy'r niwl i ddatgelu ei fyd. Yn ystod yr eiliad brin honno, dwi'n gweld ychydig bach mwy y tu mewn i'w fyd.

Byd mae Peter eisiau ei rannu er mwyn calonogi eraill sy'n cael eu cyffwrdd gan ddementia mewn rhyw ffordd. Mae e eisiau iddyn nhw wybod nad yw diagnosis o ddementia yn golygu diwedd y daith, ond dechrau un newydd, ac yn anad dim mae o eisiau rhannu'r neges hon: "Dydy bywyd ddim drosodd gyda dementia, ond mae ychydig yn wahanol."

PENNOD
UN

STORI PETER

(i)

2015–18 STICERI MELYN AR Y WAL

Flynyddoedd yn ôl, dyma fy nhad yn dweud wrtha i, "Peter, dwyt ti ddim yn gweithio i fi nes bod gen ti bensiwn." Roeddwn i chwe mis yn brin o 16 oed ar y pryd. Roedd gen i fwy o ddiddordeb mewn hel merched a phrynu beics na threfnu pensiwn. Pam fyddai llanc nwyfus fel fi, yn byw yng nghefn gwlad Suffolk, eisiau meddwl am bensiynau a'r dyfodol? Ond mi wnes i drefnu pensiwn, a diolch i Dduw 'mod i wedi gwneud hynny, yn enwedig gan fod gen i fwy o ddiddordeb mewn prynu beics na hel merched erbyn hyn. Mae'n debyg y gallech chi fy ngalw i'n lwcus, sy'n beth rhyfedd i'w ddweud a minnau yn byw efo cyflwr angheuol ond, wyddoch chi, weithiau dwi'n teimlo 'mod i'n lwcus.

Dyma rai o'r rhesymau: dwi'n cael byw bob dydd fel pe bai'n ddiwrnod newydd; mae pobl yn rhannu newyddion efo fi neu'r pethau rydyn ni'n mynd i'w gwneud ac, oherwydd bod fy nghof tymor byr i mor ofnadwy o wael, dwi'n anghofio'n gyflym ac yna dwi'n ail-fyw'r foment. Mae fel agor yr un anrheg drosodd a throsodd heb sylweddoli bod beth bynnag sydd y tu mewn gennych chi'n barod. Y llynedd, mi ges i gerdyn pen-blwydd gan fy ffrind,

Deb, a wnaeth i fi chwerthin cymaint nes iddi ofyn amdano'n ôl, a'i roi i fi eto drannoeth. Mae'n debyg 'mod i wedi chwerthin eto. Mi fyddai rhai'n dweud bod hynny braidd yn angharedig, ond nid fi. Dwi'n credu ei bod hi'n stori ddoniol. Cofiwch chi, dydw i ddim yn cofio hynny. Mae'n rhaid i fi gymryd ei gair hi fod hynny wedi digwydd. A waeth i ni gyfaddef, os nad ydych chi'n chwerthin yn wyneb trasiedi, rydych chi'n mynd i grio.

Ond pa mor cŵl yw cael mwynhau'r un ennyd fwy nag unwaith! Felly, mi welwch 'mod i'n byw yn fy swigen ddementia bellach, ble mae rhyw syrpréis newydd yn dod i'm rhan bob dydd. Dydy pawb ddim yn gallu dweud hynny.

Dwi'n cael gweld lliwiau Suffolk a chlywed yr adar yn canu neu weld coeden sydd newydd ei phlannu neu hyd yn oed hen goeden a blannodd Dad, ac mae hynny'n gwneud i fi feddwl a myfyrio. Gan fod fy amser i mor werthfawr, dwi bellach yn cymryd y cyfle i fwynhau'r pethau sydd o'm cwmpas i a byw yn yr ennyd, yn hytrach na phoeni am beth sy'n dod nesaf. Pan fyddwch chi'n chwilio'n gyson am ran nesaf eich bywyd, mi fyddwch chi'n colli beth sy'n digwydd yn eich bywyd rŵan hyn. Rydyn ni'n treulio cymaint o amser yn poeni am yr hyn a allai ddigwydd, fel ein bod ni'n anghofio mwynhau'r hyn sydd yn digwydd.

Ond yn bennaf oll, dwi'n lwcus oherwydd 'mod i'n dal yn fyw.

Efallai nad ydw i mor lwcus gan 'mod i'n byw efo cyflwr angheuol fel dementia cynnar, ond ddywedodd neb erioed fod bywyd yn berffaith.

Gadewch i fi droi'r cloc yn ôl rhyw fymryn. Dyma'r peth am ddementia: mae'n beth digon od, hen daith ryfedd sy'n mynd â chi i bob math o lefydd ac i bob math o gyfeiriadau annisgwyl, ond does dim byd o'i le ar hynny: i fi, y siwrne sy'n bwysig, nid cyrraedd pen y daith. Waeth i fi gyfaddef, dwi'n gwybod beth fydd pen draw'r daith. Dydw i ddim yn gwybod pa ffordd yn union na pha mor hir mae'n mynd i gymryd i fi gyrraedd yno.

Ond dwi'n gwybod 'mod i ddim eisiau cyrraedd yno. Felly, dwi'n troi a throsi ychydig i ymestyn y daith ychydig oherwydd 'mod i'n gyndyn i gyrraedd pen y daith, sef yr unig ddewis arall.

Dwi eisiau sôn ychydig am fy nhad, Jimmy Berry, oherwydd ei fod bob amser wedi bod yn rhan bwysig iawn o 'mywyd i. Er ei fod wedi marw ychydig fisoedd yn ôl (dwi'n anghofio o hyd, sy'n gwneud i fi deimlo'n wirion braidd, er dwi'n meddwl y byddai Dad wedi gweld yr ochr ddoniol), mi fydd yn parhau i fod yn un o'r bobl fwyaf dylanwadol i fi eu cyfarfod erioed.

Gadawodd Dad yr ysgol heb fawr ddim addysg, ond mi ddysgodd ei hun i ddarllen ac ysgrifennu. Gweithiodd yn ddiflino o fore gwyn tan nos, gan ddysgu popeth a allai am bren a choed a chefn gwlad, ac yna, ym 1947, dechreuodd ei fusnes pren o ddim byd a'i ddatblygu nes ei fod yn enwog ledled Suffolk.

Arferai Dad ddweud, "Mi alli di fod yn ddygn a di-ddysg, neu mi alli di fod yn ddygn ac yn addysgedig, ond os nad wyt ti'n ddygn, fyddi di ddim yn mynd i nunlle mewn bywyd."

Ac fel efo'r rhan fwyaf o bethau, roedd o yn llygad ei le. Ond er nad oedd darllen ac ysgrifennu'n dod yn hawdd iddo, roedd yn graff a brwdfrydig, a thyfodd ei fusnes yn araf bach fel coeden dderw. Roedd ganddo fo a Mam bump o feibion ac roedden ni'n byw bywyd gwych mewn tref farchnad fach o'r enw Framlingham yn Suffolk. Fy maes chwarae oedd y llyn o gwmpas Castell Framlingham neu'r coed ar gyrion y dref. Roedden ni'n rhydd ac yn creu ein hwyl ein hunain. Ond yr hyn roeddwn i'n ei fwynhau fwyaf oedd reidio fy meic neu drwsio fy meic neu ddarllen am feics. Dyna oedd fy mhlentyndod i. Roedd gen i sied fach yn yr ardd gefn ble roeddwn i'n storio darnau beics. Roedd gen i arwydd ar y drws, 'Sied Feics Peter', a threuliais lawer o fy arddegau yn trwsio fy meics fy hun neu feics pobl eraill a dysgu sut roedden nhw'n gweithio.

Dyma fi'n gadael yr ysgol, dilyn cyngor Dad a threfnu cynllun pensiwn, a mynd i weithio iddo fo pan oeddwn i'n bymtheg a hanner. Roedd gen i berthynas arbennig efo Dad erioed; roeddwn i'n hapus i weithio yn ei gwmni ac roedd mynd i'r gwaith yn bleser yn hytrach na baich. Mi wnes i ddysgu cymaint oddi wrtho, ond dull tawel bach oedd ei ddull o ddysgu. Doedd o byth yn deyrn, nac yn mynnu 'mod i'n gwneud pethau yn ei ffordd o. Mi wnes i wrando arno a dysgu sut i weithio efo coed a sut i drin pobl yn dda: roeddwn i'n hynod ffodus i gael tad a ddysgodd gymaint i fi.

Ugain mlynedd yn ôl, cafodd Dad ddiagnosis o glefyd Alzheimer. Cyn iddo gael ei ddiagnosis, roeddwn i wedi sylweddoli bod ei gof yn gwneud pethau rhyfedd a bod dyfodol y busnes yn y fantol. Ond roedd yn dal i allu siarad ac edrych ar fywyd yn ei ffordd unigryw ei hun. Dwi'n credu ei fod o'n gwybod beth oedd yn digwydd iddo, ond dim ond unwaith wnaeth o rhyw led gyfaddef hynny, pan oedden ni'n eistedd yn y swyddfa, yng nghanol tomen o waith papur, yn ceisio cael trefn ar y llanast. Roedd o'n edrych yn ddryslyd ac yn dal darnau o bapur yn ei ddwylo'n ddiymadferth, heb wybod yn iawn beth i'w wneud hefo nhw, ond yn ysu am wneud rhywbeth. Edrychodd arna i â'i lygaid yn llawn tristwch, fel pe bai'n gwybod ei fod yn mynd i gael ei drechu.

"Peter, 'machgen i," meddai, "mi allai ddigwydd i esgob."

Roedd ei ddamcaniaeth yn iasol o gywir, fel mae'n digwydd, ond wnes i ddim sylweddoli hynny ar y pryd.

Wrth i'w gof ddirywio, mi wnes i afael yn yr awenau a llwyddo i gael y cwmni i wneud elw eto. Dechreuodd pethau wella'n raddol a chyn hir roedd yn fusnes ffyniannus unwaith eto. Roeddwn i'n gwneud yn siŵr 'mod i'n cynnwys Dad gymaint ag y gallwn i oherwydd, hyd yn oed bryd hynny, roeddwn i'n gwybod nad ei daflu ar y domen oedd y peth gweddus i'w wneud. Wrth gwrs, ar y pryd, a finnau yn gryf ac yng ngofal fy mywyd fy hun, doedd gen i ddim syniad, wrth edrych ar Dad, 'mod i'n syllu i wyneb fy nyfodol fy hun.

Dechreuodd y busnes wneud yn dda iawn eto a doedd dim

coeden na choedlan yn Suffolk heb gael ei chyffwrdd gan y teulu
Berry. Heddiw, pan dwi'n seiclo yng nghefn gwlad, dwi'n gweld
coedlannau lle buom ni'n torri coed, neu lle mae coeden arbennig
o ystyfnig yn dal i sefyll, neu hyd yn oed goeden lle dywedodd fy
nhad iddo gysgu oddi tani yn llanc 15 oed, wedi blino gormod i
seiclo'r 15 milltir yn ôl adra ar ei hen feic simsan ar ôl diwrnod
12 awr yn y gwaith.

Mi wnes i weithio'n galed iawn am 20 mlynedd a chyflogi
12 dyn yn uniongyrchol. Roeddwn i'n is-gontractio hyd at 17 o
ddynion ychwanegol ac roedd gan y cwmni bum lori. Yn union
fel Dad o fy mlaen i, roeddwn i bob amser yn deg ac yn trin pobl
yn dda. Roeddwn i'n gwerthfawrogi gwybodaeth a phrofiad pobl
eraill a bob amser yn gwneud yn siŵr 'mod i'n gwrando ar yr hyn
roedd y gweithwyr yn ei ddweud. Roedd trosiant y cwmni ar i
fyny ac yn teimlo na allai bywyd fod yn well.

Roeddwn i'n weithiwr trefnus a thaclus, ac yn dda iawn am
gadw'r cyfrifon a'r rhestr o archebion. Roedd popeth ar ddu a
gwyn mewn llyfrau nodiadau mawr, sydd gen i o hyd, er nad
oes gen i unrhyw syniad pam 'mod i wedi cadw dros 20 o lyfrau
nodiadau yn llawn anfonebau ac archebion. Ffordd o ddal gafael
ar fy hen fywyd, efallai. Roedd fy swyddfa fel pin mewn papur; lle
i bopeth, a phopeth yn ei le.

Mi fyddai pobl yn dod i mewn i'r swyddfa i drafod meintiau
a mathau o bren. Yna, wythnosau yn ddiweddarach hyd yn oed,
roedden nhw'n dod yn ôl ac mi fyddwn i'n eu hadnabod nhw, yn
cofio eu harcheb a'r hyn roedden ni wedi'i drafod. Roedd pobl yn
syfrdanu 'mod i'n gallu cofio cymaint, ac mor fanwl gywir. Roedd
cof aruthrol a sylw i fanylion yn diffinio pwy oeddwn i ac roedd
yn bwysig iawn i fi.

Roedden nhw'n ddyddiau da – y dyddiau heulog, mae'n
debyg. Roedd fy ngwraig, Teresa, a minnau yn mwynhau ein
bywydau ac yna, pan anwyd ein merch, Kate, roedden ni'n teimlo
ar ben y byd, wedi'n bendithio go iawn. Roedd digon o arian yn

dod i mewn i fyw'n dda, i gael gwyliau gwych, i gael car newydd pryd bynnag roedden ni ffansi. Doedden ni ddim yn gwybod y byddai hynny yn dod i ben.

Yn raddol, heb fod yn ymwybodol ohono ar y dechrau, aeth pethau fymryn yn gymylog a llwyd, ac mi deimlais awel oer ar fy ngwar. Roeddwn i'n gyrru'r lori o gwmpas cefn gwlad ar ffyrdd roeddwn i'n eu hadnabod mor dda, ond yn sylwi 'mod i'n teimlo'n ddryslyd a ddim yn gwybod ble oeddwn i. Dechreuodd tasgau syml, tasgau ymarferol, a oedd wedi bod yn ail natur i fi, fy nghawlio.

Yna sylweddolais 'mod i'n colli darnau o wybodaeth ond yn dal i wrthod rhoi enw i'r cwmwl oedd yn hongian uwch fy mhen. Wel, rydyn ni ddynion yn gallu bod fymryn yn bengaled ac yn aml yn gwrthod cydnabod rhywbeth sy'n hollol amlwg.

Dim ond wedi blino ydw i, mi fyddwn i'n dweud wrth fy hun. *Mae gen i ormod i'w wneud.*

Dyma fi'n dechrau archebu offer drud nad oedd ei angen go iawn a dechreuodd y dyledion gronni. Ond mi wnes i wrthod cydnabod hynny, a wnes i'n sicr ddim rhannu'r broblem efo Teresa. Roedd pethau'n anodd, ond roeddwn i'n meddwl 'mod i'n ddigon cryf i ddod drwyddi.

Er mwyn ceisio adfer rheolaeth o'r anhrefn cynyddol o'm cwmpas, dechreuais ddatblygu strategaethau er mwyn fy helpu i gofio pethau. Un o'r strategaethau hynny oedd gwneud nodiadau ar bapurau Post-it melyn a'u plastro ar draws y swyddfa. Mae'n rhaid bod cannoedd ohonyn nhw, ar hyd a lled y waliau, a llawysgrifen fân ar bob un. Dwi'n credu 'mod i wedi cadw'r cwmni Post-it i fynd!

Wel, un diwrnod, dyma Teresa yn dod i mewn i'r swyddfa a gweld y waliau wedi'u gorchuddio â'r nodiadau Post-it, pob un ag ysgrifen annealladwy i bob pwrpas drostyn nhw. Edrychodd arna i yn y ffordd honno mae gwragedd, a neb arall, yn gallu ei wneud.

Wrth i ni drafod beth allai'r broblem fod, trodd y sgwrs at diwmor ar yr ymennydd cyn plymio i'r myrdd o sefyllfaoedd 'beth os'. Wnaethon ni erioed feddwl mai dementia oedd y drwg yn y caws. Ddim yn fy oed i.

Dyma ni'n mynd i weld y meddyg, ar ôl sawl diwrnod ofnadwy yn ceisio meithrin digon o ddewrder i wneud hynny, ac mi wnaeth ein cyfeirio ni at ymgynghorydd.

Tra roedden ni'n aros am yr apwyntiad, dechreuodd Teresa ddarganfod yn union pa mor aruthrol oedd lefel fy menthyca a'm gwario. Mae'n debyg 'mod i wedi benthyg arian mawr gan ffrindiau ac wedi anghofio eu talu'n ôl. Roedd Teresa yn cywilyddio wrth i'r ffeithiau moel ddod i'r amlwg. Dywedodd fod pobl yn cymryd yn ganiataol 'mod i wedi bod yn ceisio eu twyllo nhw. Pentref bach oedd ein pentref ni, ac mi oedd hi'n anodd peidio â tharo ar bobl roedden ni'n eu hadnabod. Doedd gen i ddim syniad beth oeddwn i wedi'i wneud, a doeddwn i ddim yn sylweddoli pa mor ynysig roedd hi'n teimlo oddi wrth y bobl a arferai fod yn ffrindiau i ni.

Daeth y diwrnod i ni weld yr ymgynghorydd. Ar ôl sgan ar yr ymennydd, mi wnes i gael cyfres o brofion.

Dyma'r darn dwi ddim wir yn ei gofio, y profion, felly dwi'n gorfod derbyn bod fy ngwraig yn dweud y gwir – ond fyddai hi ddim yn dweud celwydd wrtha i! Yn ôl Teresa, roedden ni'n eistedd yn swyddfa'r ymgynghorydd. Gofynnodd yr ymgynghorydd i fi ysgrifennu cymaint o eiriau'n dechrau efo'r llythyren 'p' ag y gallwn i. Mae'n debyg 'mod i wedi eistedd yna fel plentyn mewn arholiad oedd heb adolygu ar ei gyfer; roedd yn amlwg 'mod i'n mynd i fethu.

Dywedodd Teresa ei bod hi wedi ceisio rhoi'r atebion i fi drwy rym ewyllys, ond wnaeth hynny ddim gweithio, sy'n od, achos pan mae hi'n gwneud hynny adra – er enghraifft, pan mae hi'n syllu arna i er mwyn i fi wneud panad o de neu gadw'r llestri – dwi wastad yn deall beth sydd ar ei meddwl, ac mae'r grym ewyllys yn gryf, ddwedwn ni! Ond y cyfan wnes i oedd eistedd yna'n syllu ar y darn o bapur. Doeddwn i ddim yn gallu meddwl am yr un gair yn dechrau efo 'p', sy'n eironig, mewn gwirionedd, o gofio beth yw fy enw i.

Dwi'n credu bod y ddau ohonom ni yn aros i glywed bod gen i diwmor ar yr ymennydd. Dim ond eistedd yna'n aros. Ac yna dyma'r sioc yn dod. Dywedodd yr ymgynghorydd nad oedd dim byd o'i le arna i a'n hanfon ni oddi yno. Roedden ni mewn cryn benbleth ond yn cymryd yn ganiataol y byddai popeth yn iawn (am ddiniwed!).

Ychydig wythnosau'n ddiweddarach, mi gawson ni alwad ffôn gan rywun arall a oedd wedi gweld y sgan o f'ymennydd i ac wedi'i dychryn gan yr hyn welodd hi. Dyma ni'n mynd i'w gweld hi, a heb falu awyr, dywedodd fod gen i ddementia cynnar. Roedd yn ffordd hegar o dorri'r newydd ond yn rhyfedd iawn, yn syth ar ôl cael y diagnosis, roeddwn i bron yn teimlo rhyddhad.

Dwi'n meddwl 'mod i hyd yn oed wedi dweud wrth Teresa, "Felly, dydy o ddim yn ddifrifol. Nid tiwmor ar yr ymennydd ydy o … mi fyddwn ni'n iawn."

Ond yna, ar ôl mynd adra, dyma ni'n defnyddio'r hen gyfaill Google i wneud ein hymchwil ein hunain, a dechreuodd hyd a lled y cyflwr ddod yn boenus o glir.

Mi fyddai'r newyddion hyn yn chwalu ein byd am byth. Roedden ni'n gwybod na fyddai pethau byth yr un fath eto. Ar ôl cyfarfod arall efo'r bobl feddygol, mi gawson ni wybod bod fy math i o Alzheimer yn golygu na allwn i ddisgwyl byw yn hwy nag wyth neu naw mlynedd.

Mi gawson ni un daflen a chais i ddod yn ôl eto ymhen blwyddyn. Dyna'r cyfan gawson ni, un daflen. Pan fyddwch chi'n cael diagnosis o ganser, rydych chi'n gadael efo sawl taflen, gwybodaeth am grwpiau cymorth, apwyntiadau dilynol a dyddiadau ar gyfer triniaeth. Mae yna ryw syniad o'r llwybr y byddwch yn ei ddilyn. Dydych chi ddim yn cael unrhyw beth fel 'na pan fyddwch chi'n cael diagnosis o ddementia. Rydych chi ar eich pen eich hun. Ac mi oedden ni'n teimlo ar ein pennau ein hunain go iawn, oedden wir.

Mi fyddai hyd yn oed galwad ffôn gan rywun yn syth ar ôl y diagnosis wedi helpu. Mi fyddai holi "Ydych chi eisiau i fi daro draw am sgwrs? Fyddech chi'n hoffi gofyn unrhyw gwestiynau?" wedi cael croeso mawr. Dim ond mater o ni'n derbyn neu wrthod fyddai hi wedyn. Ond doedd yna ddim byd. Roedd o'n teimlo fel bod rhywun wedi codi'r angor a'n gadael ni i fynd efo'r llif.

Y gwir amdani yw, dydych chi ddim mynd at feddyg ar ddydd Llun ac yn dod oddi yno efo dementia. Mae'r dementia wedi bod yno ers peth amser, a dwi'n meddwl ei fod o yno ers sawl blwyddyn. Y cyfan mae'r meddyg yn ei wneud yw cadarnhau hynny neu eich cyfeirio chi i rywle arall i gael cadarnhad. Yr un person ydych chi a'r person oeddech chi cyn mynd i mewn i'w weld. Ond y funud honno, doeddwn i ddim yn teimlo fel yr un person o gwbl. Nid Peter Berry, dyn busnes llwyddiannus, oeddwn i mwyach. Doeddwn i ddim hyd yn oed yn Peter Berry, boi cyffredin. Bellach, roeddwn i'n Peter Berry, sy'n byw efo clefyd Alzheimer, neu Peter Berry, y dyn roedd pobl yn teimlo biti drosto neu'n ei osgoi ar y stryd oherwydd bod ganddyn nhw ormod o gywilydd siarad efo fo.

Un o'r pethau dwi'n ei ddweud yn aml (ac mae'n debyg 'mod i'n tueddu i ailadrodd fy hun achos 'mod i'n anghofus weithiau … rhyfedd ynde?!) yw nad diagnosis i'r unigolyn yn unig oedd dementia ond diagnosis i'r teulu cyfan. Roedd dementia yn mynd i gyffwrdd â Kate a Teresa, ond mewn ffyrdd gwahanol i sut oedd yn fy nghyffwrdd i. Roedd fy merch yn mynd i orfod gwylio ei hen dad atebol a chydnerth yn mynd yn llai atebol a chydnerth (heb fynd mor hen â hynny chwaith, mae'n debyg) a byddai'n rhaid iddi ddysgu byw ei bywyd hebdda i. Pe bai hi'n cael plant ar ryw adeg, fydden nhw byth yn adnabod eu taid, ac eithrio drwy ffotograffau neu straeon. Ac o ran Teresa – wel, mi oedd hi'n mynd i orfod newid o fod yn wraig i fod yn ofalwraig i fod yn wraig weddw. Dydy honno ddim yn daith y dylai unrhyw un orfod mynd arni, a doedd hi'n sicr ddim yn daith roedd hi wedi cytuno i fynd arni pan briodon ni'r holl flynyddoedd ynghynt.

Rydyn ni wedi ceisio dod o hyd i'n cefnogaeth ein hunain. Mi gysylltodd Teresa â Cyngor ar Bopeth. Dyma nhw'n ei rhoi hi mewn cysylltiad ag Age Concern a'i rhoddodd mewn cysylltiad â Chyngor ar Bopeth eto. Am sbel, roedden ni'n mynd rownd mewn cylchoedd. Yn y pen draw, mi aethon ni i gyfarfod ar gyfer gofalwyr pobl sy'n byw efo clefyd Alzheimer, ond roedd yr ystafell yn llawn hen bobl, llawer hŷn na mi. Roedd rhai ohonyn nhw'n gwlychu neu'n baeddu eu hunain, eraill yn glafoerio neu'n syllu i nunlle. Roeddech chi'n gallu gweld eu bod nhw wedi 'mynd' dim ond drwy edrych i fyw eu llygaid. Roedd eu heneidiau ar goll rhywle yn nyfroedd tywyll pwll dementia. Roedd yn ddigalon a doedd y lle ddim yn berthnasol i fi o gwbl. Doeddwn i ddim eisiau gwylio pobl yn eu hwythdegau mewn cadeiriau, yn cael gofal gan berthnasau, heb syniad beth oedd yn digwydd. Doeddwn i ddim eisiau edrych ar bobl a oedd wedi mynd yn bellach na fi ar daith dementia a gwybod mai dyna fyddai fy nhynged i ymhen ychydig flynyddoedd. Sut byddai hyn yn fy helpu i? Roeddwn i'n ifanc; dim ond hanner cant oeddwn i.

Flwyddyn neu ddwy yn ddiweddarach, dyma ni'n dod o hyd i gyfarfod am grwpiau cymorth a allai, gobeithio, fod yn fuddiol, a dyma ni i gyd yn eistedd o gwmpas bwrdd. Roedd agenda a chofnodion. Mi wnes i edrych o gwmpas yr ystafell; yn ôl pob golwg, roedd gan bobl eraill lawer gwell crebwyll na fi. Mi fyddwn i'n eistedd yno heb unrhyw syniad beth oedd yn digwydd ac yn methu dilyn, yn gwylio pobl eraill – pobl eraill efo dementia – wrthi'n brysur yn ysgrifennu nodiadau neu'n cyfeirio'n ôl at bethau oedd wedi cael eu dweud mewn cyfarfodydd blaenorol a doedd gen i ddim atgof am unrhyw beth oedd wedi cael ei ddweud. Roeddwn i'n teimlo fel ffŵl ac mi wnes i gasáu'r profiad. Roedd pobl eraill hefyd i'w gweld yn ymgolli mwy yn eu methiannau a'u hanhwylderau eu hunain nag oeddwn i. Dyna lle'r oeddwn i'n gwylio pobl a ddylai fod fel fi, pobl efo'r un cyflwr â fi, ond doeddwn i'n teimlo dim math o gysylltiad efo nhw. Roedd pobl eraill yn cael eu diffinio gan eu dementia, yn gaeth i'w hanhwylderau, wedi'u cyfareddu gan ddirywiad eu cyrff, gan beri i fi boeni am yr hyn a allai fod o fy mlaen i.

Dwi'n ystyried dementia fel glaw mân sy'n troi'n bwll yna'n llyn, ac edrych ar ein hadlewyrchiad yn y llyn hwnnw fyddwn ni wrth edrych ar y rhai sydd wedi mynd ymhellach ar eu taith dementia. Doeddwn i ddim eisiau edrych ar yr adlewyrchiad, a doeddwn i ddim eisiau bod allan yn y glaw mân, yn dal annwyd a fyddai'n fy lladd i maes o law. Doedd y bobl hyn a'u clefyd Alzheimer nhw yn golygu dim byd i fi. Roedd gen i gymaint o gwestiynau, ond doedd neb yn gallu helpu. Mae'n rhaid i fi ddweud yma, serch hynny, fod pethau wedi newid yn Suffolk ers fy mhrofiadau ofnadwy i wrth geisio cael gafael ar gefnogaeth; mae mwy o grwpiau'n dechrau erbyn hyn, ac mae hynny'n beth da iawn.

Ond bryd hynny, yn ôl yn y dyddiau llwm cynnar, ar ôl mynychu cyfarfodydd fel hyn lle roedd Teresa a finnau'n teimlo'n fwy unig nag erioed, dyma ni'n penderfynu delio â'n diagnosis ar ein pennau ein hunain. Mi ddaeth ein cartref yn lle trist ac unig, ond roedden ni wedi cytuno ar un peth: doedden ni ddim yn mynd i rannu ein newyddion efo unrhyw un y tu allan i'r teulu agos. Roedd dementia wedi dod yn gyfrinach euog, rhywbeth i'w gadw'n dawel, yn tyrchu'i ffordd i mewn i'n bywydau nes iddo greu bwlch rhwng Teresa a fi. Y gwir plaen oedd, roedd gen i gywilydd o fod â dementia. Roeddwn i'n teimlo'n ffŵl ac efallai 'mod i'n credu'r hen ystrydebau hynny sydd i'w gweld ar y teledu, y delweddau hynny lle mae pobl â dementia yn hen ac yn fethedig. Ond canlyniad peidio â dweud wrth bobl oedd i ni fynd yn ynysig, ac mi wnaeth hynny bopeth gymaint yn waeth. Dwi'n credu'n gryf erbyn hyn mai cadw'r newyddion yn breifat oedd y peth gwaethaf posib i'w wneud a dwi'n annog unrhyw un arall sydd wedi derbyn yr ergyd hon i beidio â'i chadw'n gyfrinach ond i geisio cymorth. Does dim rhaid cael cymorth gan grŵp cydnabyddedig – yn aml iawn, mae'r cymorth o'ch cwmpas yn barod. Dim ond chwilio amdano sydd raid. Os ydych chi'n ei gadw'n gyfrinach, mi fydd yn tanseilio popeth ac yn ennill y frwydr yn llawer cynt – mae'n rhaid i chi frwydro yn ei erbyn, mae'n rhaid i chi ei herio a dangos nad ydych chi'n hawdd i'ch dychryn.

Ond ar y pwynt hwn ar y daith ar ôl cael diagnosis, roedden ni wedi penderfynu troi cefn i raddau helaeth ar fywyd cymdeithasol yn y gymuned. Rydyn ni'n byw mewn pentref bach yn Suffolk o'r enw Friston. Mae'n gymuned fechan lle mae'r rhan fwyaf o bobl yn adnabod pawb arall. Mae yna neuadd bentref, tafarn ac eglwys. O, ac mae dwy lamp stryd yma, yn wahanol i Sternfield gerllaw sydd â dim ond un, sy'n golygu bod gan Friston statws uwch. Weithiau, rydyn ni'n edrych i lawr ar werin datws Sternfield ac yn meddwl sut maen nhw'n ymdopi! Mae yna gae chwarae yn Friston hefyd, lle roeddwn i wedi plannu coeden i nodi ail ben-blwydd Kate. Coeden Kate oedd yr enw arni, a dyma oedd fy ngwaddol i Kate. Dwi wedi gwylio'r goeden honno'n tyfu o fod yn goeden ifanc i'r goeden wych sydd yno erbyn hyn, a dwi wrth fy modd â'r ffaith bod Kate a'r goeden wedi tyfu i fyny efo'i gilydd. Dwi'n aml yn mynd yn ôl i edrych ar y goeden honno, ac mae'n ennyn emosiynau digon teimladwy. Y dyddiau hyn, welwch chi, dwi'n tueddu i gofio drwy emosiynau a theimladau yn hytrach nag efo atgofion.

Yn y cyfamser, ceisiodd Teresa gael trefn ar lanast y busnes a thalu'r dyledion. Dim ond dechrau ein taith newydd oedd clirio olion dinistriol dementia, ac roedd hynny'n ddigon anodd. Mi fu cadw'r cyflwr yn gyfrinach rhag y rhan fwyaf o bobl eraill bron â'n dinistrio ni.

Un o'r pethau a ddaeth i'r amlwg o'r holl lanast ariannol hwn, rhywbeth roeddwn i'n teimlo'n angerddol sydd angen newid, oedd ymateb fy manc.

Roeddwn i wedi talu i mewn i'r polisi yswiriant am dros ugain mlynedd rhag ofn i fi gael salwch angheuol ac yn methu talu'r morgais o ganlyniad. Wnes i erioed fethu taliad. Ar ôl derbyn diagnosis dementia, mi wnes i gysylltu â'r banc i weld pa mor gyflym y gallwn i dderbyn taliadau o'r polisi. Dywedwyd wrtha i nad oedd dementia wedi'i restru fel cyflwr angheuol ac felly roedd yr holl daliadau wnes i dros y blynyddoedd i bob pwrpas yn ddiwerth. Ar y llaw arall, doeddwn i ddim yn gallu codi morgais newydd ar y tŷ na chael benthyciad oherwydd bod y banc yn credu na fyddwn i mewn sefyllfa i dalu unrhyw beth yn ôl oherwydd … choeliwch chi byth … bod gen i salwch angheuol. Glywsoch chi erioed rhywbeth mor wallgo?

Doeddwn i wir ddim eisiau i Teresa golli'r tŷ ac iddi hi a Kate fod yn ddigartref a heb geiniog i'w henwau. Roedd y syniad yn codi arswyd arna i. Tra'r oeddwn i'n dal i allu, roeddwn i'n gweithio fel peth gwyllt, ac aeth pob ceiniog roeddwn i'n ei ennill tuag at dalu'r morgais. Pan ddaeth hi'n amlwg na allwn i redeg y busnes mewn unrhyw ffordd gall – hyd yn oed efo help – mi wnes i gamu i'r naill ochr. Y cyfan y medrwn i ei wneud oedd sgubo'r iard – dychmygwch y fath beth – gwthio brwsh o gwmpas iard y busnes a sefydlwyd gan fy nhad, busnes roeddwn i wedi'i feithrin a busnes oedd wedi ffynnu pan oeddwn i wrth yr awenau. Doeddwn i ddim yn mynd i adael i fi fy hun gael fy mychanu fel hyn. Dyma fi'n meddwl, *na, alla i ddim gwneud hyn, a dydw i ddim yn mynd i wneud hyn*. Doedd dim amdani ond gollwng y brwsh a throi fy nghefn ar bob agwedd ar y busnes.

Ond dwi'n dal i fynd yn ddig iawn wrth feddwl am hyn a pha mor annheg oedd y system, a dwi eisiau i bobl wybod am yr annhegwch arall eto fyth a gododd yn sgil dementia. Pe bawn i wedi cael canser neu unrhyw gyflwr angheuol arall, mi fyddai'r polisi wedi talu allan a fyddwn i ddim wedi gorfod dioddef y fath gywilydd a phoen.

Dyna i chi beth arall, tra 'mod i ar gefn fy ngheffyl – dwi'n gorfod talu am fy meddyginiaeth hefyd, yn wahanol i'r rhai sy'n byw efo canser, sy'n cael eu meddyginiaeth yn rhad ac am ddim. Wedi'r cyfan, alla i ddim dewis byw heb fy nhabledi. Mae fy nhabledi'n rhoi hwb i fi, maen nhw'n tanio negeseuon cyson i'r ymennydd ac yn ei ysgogi i ddeffro. Dydyn nhw ddim yn trin problem dementia ac yn sicr dydyn nhw ddim yn ei wella; dim ond rheoli'r symptomau maen nhw. Fydda i byth yn gwella o'r dementia ac mae'n debyg y bydda i'n marw o'i herwydd, yn hytrach na gyda dementia. Felly mae'r tabledi yn hanfodol i fi. Ar hyn o bryd, dwi ar y dos cryfaf o feddyginiaeth, felly pan fydd y tabledi yn dechrau methu (ac mae'n anochel y bydd hynny'n digwydd), mi fydda innau hefyd yn methu. Dwi wedi sylwi 'mod i bellach yn anghofio cymryd fy nhabledi hefyd ond unwaith eto, mae'n bosib rhoi dulliau a strategaethau ar waith i brocio fy nghof. Ar y dyddiau pan fydd Teresa yn mynd i'r gwaith yn gynnar, mae Deb yn anfon neges destun ata i'n f'atgoffa i'w cymryd nhw. Ydy, wrth gwrs bod hyn yn gwneud i fi deimlo fel plentyn, ond heb fy nhabledi, mi fydda i'n dod i stop. Felly dwi'n cnoi fy nhafod am gael fy nhrin fel plentyn pum mlwydd oed yn gyfnewid am gael aros yn fyw ac ymdopi â'r drefn o ddydd i ddydd. Mae'r tabledi'n rhan annatod o 'mywyd i. Ac eto … ac eto … dwi'n dal yn gorfod talu amdanyn nhw. Ond mi hoffwn i pe bai rhywun mewn awdurdod yn gallu dweud pam. Pe bawn i wedi bod yn gyfrifol am fy nghyflwr mewn rhyw ffordd, er enghraifft drwy smocio ac yna ddatblygu canser yr ysgyfaint, neu fwyta gormod o gaws ac yna cael colesterol gwael, neu yfed gormod ac yna dioddef yr iau'n methu, mi fyddwn i'n derbyn y canlyniadau. Ond doeddwn i ddim wedi gwneud dim yn fy mywyd i annog y dementia i wreiddio yn fy ymennydd, ac eto roedd hi'n teimlo 'mod i'n cael fy meio rywsut drwy gael fy ngorfodi i dalu dim ond er mwyn parhau i fyw.

Roedd cael gafael ar fudd-daliadau ar ôl diagnosis yn beth arall oedd yn ein gwylltio ni i gyd: ar ôl llwyth o waith papur a siarad ar y ffôn ac adrodd ein stori dro ar ôl tro – sydd ddim, gadewch i ni fod yn onest, yn rhywbeth mae unrhyw un â'r math yma o ddiagnosis eisiau ei wneud – llwyddodd Teresa i ostwng ein bil treth y cyngor £25 y mis. Rydyn ni hefyd yn derbyn lwfans byw personol. Ond dydyn ni'n cael dim byd arall. Ac rydyn ni newydd gael gwybod y bydd peth o'r gostyngiad treth y cyngor yn diflannu os bydd Teresa yn llwyddo i dderbyn lwfans gofalwr. Maen nhw'n rhoi efo un llaw; ac yn cymryd efo'r llall. Ar ôl blynyddoedd o dalu i mewn i'r system, roedden ni'n cael ein gadael yn waglaw. Doedd hynny ddim yn iawn.

Dyna ni, ddiwedd yr arthio!

Fel gwnes i ddweud, roedd y diagnosis dementia yn ddiagnosis i'r teulu cyfan ac mi wnes i ei wylio'n llarpio perthnasoedd y teulu. Roedd Kate yn ei chael hi'n anodd ymdopi a ddim yn fodlon trafod y pwnc, ac am Teresa a fi – wel, mi wnaeth ein perthynas ni ddioddef hefyd. Mewn amrantiad, neu wrth i damaid o gell ymennydd ddirywio, roedden ni wedi mynd o fod yn gwpl a oedd yn siarad a thynnu coes a mynd allan i gymdeithasu i fod yn gwpl a oedd yn byw mewn tawelwch rhyfedd ac anesmwyth, o dan bwysau'r ofn y byddai ein cyfrinach fach hyll yn dod i'r amlwg, ac y bydden ni'n destun tosturi neu'n destun sbort, neu'n waeth fyth, yn dod yn darged i sgamwyr didrugaredd sy'n manteisio ar bobl fregus. Ac er cymaint roeddwn i'n casáu'r gair 'bregus', doedd dim dianc rhag y peth. Dyna beth oeddwn i'n mynd i fod.

(ii)

ISELDER AC ANOBAITH

Wrth i ni heneiddio, mae llawer o bobl yn poeni am gael dementia. Ac wrth gwrs, mae'n bosib y byddwch chi'n cael un o'r adegau 'ar flaen y tafod' hynny pan fyddwch chi'n ymbalfalu am air ond yn methu'n lân â meddwl amdano. Neu efallai'r profiad annifyr hwnnw o anghofio ble rydych chi wedi rhoi allweddi'r car ac yn dweud, "O, dwi'n dechrau colli arni." Ac mi fyddwch chi'n dweud hynny fel jôc, heb feddwl am eiliad y gallech chi gael diagnosis o'r cyflwr un diwrnod. Efallai y byddwch chi'n sôn wrth bobl eraill am hanes doniol colli allweddi'r car, ond eu bod nhw yn eich poced chi drwy'r amser, a nhw'n dweud, "O ia, mae hynny'n digwydd i fi … rydyn ni i gyd yn ffwndro ma' rhaid." Ac mae pawb yn chwerthin yn braf a neb yn meddwl mwy am y peth. Achos mae pawb yn gwybod bod ffwndro yn ofnadwy o ddoniol, yn tydyn?

Ond gadewch i fi ddweud hyn: nid dementia yw hynny, ond bod fymryn yn anghofus, ac mae hynny'n digwydd i bawb yn y byd gorffwyll sydd ohoni. Mae dementia yn golygu mai pen draw pethau fydd methu dod o hyd i'r gair cywir byth; mae dementia yn golygu bod allweddi'r car yn eich llaw chi, ond allwch chi yn eich byw feddwl beth i'w wneud efo nhw. Mae dementia yn golygu cerdded i mewn i'r tŷ heb wybod os yw'r ystafell ymolchi i fyny'r grisiau neu ar y llawr gwaelod. Mae dementia yn golygu nad ydych chi'n gwybod a ydych chi wedi bwyta brecwast neu hyd yn oed a ydych chi eisiau bwyd. Mae dementia yn golygu y byddwch chi, un diwrnod, yn gwneud dim byd ond syllu'n gegrwth ar ddim byd heb wybod pwy ydych chi, os na fydd rhywbeth arall yn eich lladd chi'n gyntaf. Mae dementia yn golygu y bydd eich corff, fesul tipyn, fesul darn, yn rhoi'r gorau i weithredu. Ac, wrth gwrs, mae dementia yn golygu byw mewn cyflwr o ofn affwysol a chyson. Weithiau, pan fydda i'n deffro yn y bore (os ydw i wedi bod yn ddigon ffodus i gysgu, hynny yw), dwi'n gwneud rhyw fath o wiriad yn fy meddwl o bob rhan o'r corff, er mwyn gweld pa allu sydd wedi cael ei ddileu dros nos. Unwaith y bydd gallu arall wedi mynd, rydych chi'n gwybod na fyddwch chi byth yn ei gael yn ôl. Dwi'n teimlo fel pe bawn i'n aros i ran nesaf fy hen fywyd gael ei naddu i ffwrdd nes nad oes unrhyw beth ar ôl mewn difri heblaw'r gragen. Mae'n rhaid i chi fod yn berson cryf i fyw efo hynny bob dydd.

Dyma'r peth: meddyliwch am eich ymennydd am eiliad. Mae yno yn eich pen, yn gwneud beth mae fod i'w wneud: mae'n eich helpu i gerdded, siarad ac anadlu. Mae'n anfon negeseuon i'ch llygaid fel y gallwch chi gymryd rhan ym mhopeth sydd gan y byd i'w gynnig, y da a'r drwg. Mae'n rhoi gwybod i chi os yw rhywbeth yn arogli'n dda neu'n ddrwg; mae'n rhoi gwybod i chi pan fyddwch chi'n llwglyd ac yn sychedig. Mae'n eich atgoffa chi o bethau hwyliog i ddod neu bethau trist sydd wedi bod. Yn y bôn, mae'n rhoi gwybod i chi sut i weithredu fel bod dynol. Prin mae rhywun yn meddwl ddwywaith amdano. Rŵan, meddyliwch am fy ymennydd i. Mae fy ymennydd i'n crebachu'n raddol yn fy mhen, nes daw'r diwrnod na fydd yno o gwbl. Mi fydd fy mhen yr un maint ag y mae o rŵan, ond fydd dim byd o werth ar ôl y tu mewn iddo. Ar sgan, y cyfan fyddech chi'n ei weld fyddai talp o ddu lle roedd celloedd yr ymennydd wedi marw. Wrth gwrs, mi fyddwn i dal yno, ond dydy hynny fawr o werth os yw'r ymennydd wedi mynd. Sut byddech chi'n teimlo o orfod byw efo hynny, tybed? Dwi'n gobeithio y byddwch chi'n dweud wedi dychryn yn llwyr, achos dyna sut dwi'n teimlo bob dydd fwy neu lai. Mae'r dyfodol yn codi arswyd arna i.

A beth fyddech chi'n ei ystyried sydd waethaf: gwybod beth sy'n dod neu'r clefyd ei hun pan fydd yn ei anterth echrydus? I fi, mae fel gwylio rhywbeth yn llechu yn y pellter, yn nesu atoch chi'n araf bach. Rydych chi'n gwybod y bydd yn eich llorio chi ac nad yw'n bosib ei osgoi na chuddio oddi wrtho, ond yr hyn nad ydych chi'n ei wybod yw pa ddarn o'ch corff sy'n mynd i gael ei lorio gyntaf, ac nad oes modd paratoi eich hun am yr ergyd.

Felly, rhwng y diagnosis a gwybod beth oedd yn mynd i ddod, mae'n deg dweud bod hwn yn gyfnod tywyll. Yn gyfnod tywyll iawn. A doeddwn i ddim yn gallu gweld ffordd allan. Fel rhyw ffordd o baratoi at fyd yn crebachu, roedd waliau'r tŷ fel pe baen nhw'n cau i mewn, ac anadlu a meddwl yn waith caled. Roeddwn i'n mynd yn fwyfwy isel fy ysbryd, ac roedd fy hunan-werth yn cael ei danseilio'n llwyr. Roeddwn i'n teimlo'n ddiobaith, yn dda i ddim ac yn ddiwerth. O fod wrth galon ein bywyd teuluol, yn ddyn a allai ddatrys pob problem, roeddwn i wedi troi'n gragen wag. Roeddwn i'n gallu gweld effaith hynny ar Teresa hefyd. Mi aeth hi'n dawedog. Ar y dechrau, doedd hi ddim yn bwyta mwy nag un pryd bach bob dydd. Pan oeddwn i'n ceisio dwyn perswâd arni i fwyta, byddai'n dweud, "Alla i ddim. Dwi mor llawn o bob dim sy'n digwydd. Dwi'n meddwl y byddwn i'n sâl pe bawn i'n bwyta. Dwi'n llawn poen. Does 'na ddim lle i ddim byd arall y tu mewn i fi."

Dywedodd Teresa ei bod hi'n teimlo fel pe bai'n cerdded efo cwmwl uwch ei phen, oedd yn barod i ffrwydro ar unrhyw adeg. Doedd dim dianc o'r cwmwl byth. Dyna roeddwn i'n ei olygu wrth ddweud bod dementia yn ddiagnosis i'r teulu cyfan, nid dim ond i fi. Roedd Teresa yn cario'r diagnosis efo hi drwy'r dydd, bob dydd, a daeth i edrych yn wanllyd a gwelw. Yna, ar ôl ychydig, dyma hi'n dechrau bwyta, yn ddi-hid ac yn awchus, ac mi fagodd bwysau. Doedd hi ddim eisiau siarad am y peth na meddwl am ein dyfodol ni. Ei dyfodol hi ddylwn i ddweud, mae'n debyg, oherwydd doeddwn i ddim yn rhy argyhoeddedig bod gen i lawer o ddyfodol. Dydyn ni ddim hyd yn oed yn trafod y gorffennol mwyach. Dyna lle'r oedden ni, a'r diagnosis yn llechu yn y cysgodion.

O dawelwch y dyddiau cynnar yn syth ar ôl y diagnosis, newidiodd pethau maes o law wrth i ni gecru yn aml. Roedd fel pe bai'r tŷ yn methu anadlu heb dagu ar ddrewdod dementia, a dadlau oedd yr unig ffordd i dorri twll yn y cwmwl oedd yn loetran uwch ein pennau ni. Roedd yn effeithio ar Teresa, Kate a finnau.

Y cwestiwn ar fy meddwl i oedd, beth yw'r pwynt i fi fod yn fyw? Roeddwn i'n meddwl y byddai'r teulu yn well eu byd hebdda i. Doedd gen i ddim byd i'w gynnig iddyn nhw heblaw dyfodol llawn gofid a thywyllwch. Fy nhynged i oedd disgyn i ryw bydew llaith, nad oedd modd dianc ohono, ond lle byddwn i angen gofal cyson. Mi fyddai pobl yn edrych i lawr arna i'n llawn tosturi, yn pwyntio heb feddwl 'mod i'n eu gweld nhw, yn siarad amdana i, yn gwneud penderfyniadau ar fy rhan a finnau'n gwingo'n ddiymadferth yn y twll du oddi tanyn nhw. Doeddwn i ddim eisiau hynny. Roeddwn i yn rhywle na ddylai neb orfod mynd iddo, a dim ond un ffordd allan welwn i.

Un bore Medi, mi yrrais y lori i Blaxhall, lle mae'r rheilffordd yn croesi'r ffordd. Ar ôl parcio'n ofalus, dyma fi'n sefyll wrth y trac, yn edrych ar fy oriawr. Roeddwn i'n gwybod pryd oedd y trên i fod i gyrraedd, a bod angen amseru'r ymgais ar hunanladdiad yn ofalus. Dim ond un trên bob awr oedd ar y lein, a doeddwn i wir ddim ffansi aros awr arall cyn i drên fy ngwasgu'n fflat.

Roeddwn i eisiau i'r cyfan ddod i ben. Mae'n rhaid bod hi dipyn haws taflu eich hun o dan drên yn Llundain, ond yma yn Suffolk, roedd trefnu lladd eich hun yn debyg i drefnu cyrch milwrol. Mi wnes i aros am 'chydig, wedyn pan oedd y trên i fod i ddod, camu ar y trac a sefyll, fy nghoesau ar led a'm llygaid ar gau, yn barod am yr ergyd, yn meddwl am bopeth roeddwn i wedi'i gyflawni, am y bobl roeddwn i'n mynd i'w siomi, ac a fydden nhw'n ddig neu'n teimlo rhyw ryddhad nad oeddwn i'n mynd i fod yn faich arnyn nhw. Roeddwn i'n meddwl tybed faint fyddai'n brifo ac a fyddai fy marwolaeth i'n gyflym ac yn ddi-boen. Ond wnaeth y trên ddim dod ac, i fod yn onest, roeddwn i'n teimlo'n dipyn o ffŵl, yn sefyll yno'n aros.

Ar ôl ugain munud, dyma roi'r gorau i'r ymgais benodol honno ar ladd fy hun a chrwydro oddi yno. Roedd gen i awydd ysgrifennu llythyr i gwyno at reolwr cwmni trenau Greater Anglia: "Annwyl syr, mae eich aneffeithlonrwydd wedi difetha fy ymgais i ladd fy hun. Ystyriwch eich cwsmeriaid a gwnewch yn siŵr nad yw hyn yn digwydd eto." (Yn ddiweddarach y noson honno, tra'n gwylio'r newyddion lleol, dyma gael ar ddeall fod y trên wedi cael ei ganslo – pwyntiau atal yn methu yn Lowestoft. Pwy feddylie?!)

Efo'r ymgais hon i ladd fy hun wedi sgrialu oddi ar y cledrau, fel pe bai, dyma fi'n mynd adra i gael fy nghinio iach arferol (sydd, wrth edrych yn ôl, ychydig yn od – siawns na ddylwn i fod wedi stwffio clamp o fyrgyr, sglodion a sleisen enfawr o gacen!) heb ddweud gair wrth Teresa am yr hyn roeddwn i wedi bwriadu ei wneud. Yna, ar ôl cinio, draw â fi i'r iard goed; edrychais o gwmpas yr iard a dwyn i gof sut oedd Dad wedi ei datblygu a'i cholli hi, a sut gwnes i adfer y busnes er ei fwyn o, a bod y cyfan wedi methu eto erbyn hyn. Dwi'n cofio Dad yn dweud, "Mi allai ddigwydd i esgob," heb wybod yn iawn beth oedd o'n ei olygu. Bellach, roeddwn i'n deall yn union beth oedd o'n ei olygu ac yn meddwl tybed a oedd o'n gwybod rhywbeth hyd yn oed bryd hynny am droeon fy mywyd i ddod.

Roeddwn i'n edmygu Dad gymaint, ac roeddwn i mor debyg iddo mewn sawl ffordd. Unwaith, flynyddoedd yn ôl, pan oeddwn i'n agor pecyn o siwgr yn nhŷ fy ewythr, ac yn gwneud hynny'n araf ac yn daclus fel y byddwn i, edrychodd fy ewythr arna i a dweud, "Fydd dy dad byth farw tra rwyt ti byw, was," ond doeddwn i ddim eisiau bod fel fy nhad, yn byw efo'r clefyd Alzheimer a dirywio'n araf. Beth oedd pwynt hynny?

Efallai bod y trên wedi cael ei ganslo, ond roedd fy nhynged i yn fy nwylo fy hun o hyd. Roeddwn i'n ddyn ymarferol iawn erioed, yn gallu troi fy llaw at y rhan fwyaf o dasgau. Dyma lunio cwlwm rhedeg cadarn efo darn o raff, dringo ar ben y tractor a rhoi'r ddolen o gwmpas fy ngwddf. Roedd y rhaff yn crafu fy nghroen. Yn drwm ar fy ngwar, yn tynnu ar fy ngwddf. Roeddwn i mewn lle tywyll, lle na ddylai neb orfod bod. Ar ymyl y dibyn, yn edrych i lawr. A'r hyn roeddwn i'n ei weld yn atyniadol iawn. Dyma estyn un goes allan a sefyll ar y goes arall. Y cyfan oedd angen i fi ei wneud oedd camu i ffwrdd. Roedd o'n od. Dyma'r pwynt lle'r oeddwn i wedi meddwl y byddai fy nghalon yn curo fel gordd, ac y byddwn i'n llawn ofn. Ond roeddwn i'n ddigynnwrf iawn. Yn union fel pe bai fy nghorff yn dweud wrtha i am gymryd y cam tyngedfennol. *Amdani, Berry, amdani!* Dyna ble'r oeddwn i, ar yr ymyl, yn meddwl. Dwi'n cofio meddwl 'mod i newydd brynu sbectol newydd ddrud a chymaint o wastraff arian fyddai hynny. Dyna i chi ddyn busnes yn ei hanfod: mae'n debyg 'mod i'n cyfrifo cost y sbectol a'i osod yn erbyn natur ddi-werth fy mywyd.

Ac yna roedd yna ennyd, dim byd i'w wneud efo'r sbectol newydd. Roedd fel pe bai golau wedi ymddangos ac roedd o'n disgleirio ar draws fy llwybr i ddangos rhan nesaf fy mywyd i fi. Yn sydyn, roeddwn i'n teimlo bod gen i genhadaeth glir. Pwy oedd wedi bod yno ar fy nghyfer i? Neb. Pa gymorth gafodd Teresa a finnau? Dim. A doedd hynny ddim yn iawn. Doeddwn i ddim eisiau i neb arall orfod wynebu'r un profiad â fi. Am yr amser oedd ar ôl gen i – a doedd gen i ddim syniad faint o amser fyddai hynny – roeddwn i'n mynd i fod ar gael ar gyfer pobl eraill; roeddwn am fod y person yna y byddwn i wedi eisiau troi ato pan ges i'r diagnosis. Y fi fyddai'r dyn cyffredin, y dyn ar y stryd a fyddai'n gwneud yn siŵr nad oedd neb yn gorfod mynd drwy'r uffern tywyll y bu'n rhaid i fi fynd drwyddo. Wedi'r cyfan, y bwriad oedd gen i oedd ateb tymor hir i broblem tymor byr. Dwi wedi mwynhau datrys problemau erioed. Felly, i lawr a fi, tynnu'r rhaff oddi am fy ngwddf a datgan yn uchel, "Peter Berry 1, clefyd Alzheimer 0."

(iii)

WYNEB I'R ANGHENFIL DEMENTIA

Dyna i chi beth rhyfedd: unwaith roeddwn i wedi camu i lawr a chael gwared ar y rhaff, mi ges i olwg o'r newydd ar fy nementia. Daeth i fi ar ffurf anghenfil dementia. Ar ôl mynd adra, dyma fi'n penderfynu tynnu llun yr anghenfil. Pe bawn i'n rhoi wyneb iddo, roeddwn i'n meddwl y byddwn i'n dwyn rhywfaint o'i bŵer. Fi oedd yn dewis sut olwg oedd arno fo; fi oedd â rheolaeth arno fo, nid fel arall. Felly, dyma roi'r ffurf mwyaf hyll ac angharedig iddo ag y gallwn i. A rŵan bod wyneb gan fy anghenfil dementia, roeddwn i'n teimlo 'mod i'n gallu symud ymlaen. Roedd gen i orffennol, ond roedd dementia eisiau dwyn fy nyfodol, felly roedd yn rhaid i fi wneud popeth o fewn fy ngallu i atal y cysgodion rhag boddi fy mywyd a'r dyfodol. Fy nyfodol i oedd hwn, nid un oeddwn i'n barod i'w rannu efo tresmaswr, yn enwedig un efo wyneb mor erchyll a oedd wedi gwthio'i ffordd i mewn i fy mywyd heb ganiatâd.

Roeddwn i'n gwybod nad oedd o'r darn gorau o gelf a grëwyd erioed, ond roedd yn golygu rhywbeth i fi. Roeddwn i'n artist da iawn pan oeddwn i'n iau, ac roedd un o fy narluniau yn dal i hongian ar goridor yn fy hen ysgol. Roedd dementia eisoes wedi dwyn cymaint ohona i, gan gynnwys fy ngallu i ysgrifennu a thynnu lluniau, ond FI wnaeth y llun a dyna oedd y peth pwysig. Y diwrnod hwnnw, roeddwn i wedi gafael yn fy anghenfil dementia gerfydd ei war hyll, ei ddal i fyny nes oedd ei goesau bach gwirion yn pendilio oddi tano, a syllu i fyw ei lygaid. Dyma fi'n dweud wrtho nad y fo fyddai wrth yr awenau am byth. Os mai brwydr oedd ar yr anghenfil dementia eisiau, dyna yn union fyddai'n ei gael. Doeddwn i ddim yn mynd i gael fy niffinio gan ddementia, ond mi fyddwn i'n byw ochr yn ochr â'r cyflwr ac yn ei frwydro yr holl ffordd. Teimlais fy hun yn sgwario ac yn sefyll yn fwy talsyth. Yn sydyn, roeddwn i'n gadfridog ar faes y gad dementia, yn rhyfelwr, yn barod ar gyfer y frwydr i ddod. Celloedd fy ymennydd oedd fy milwyr, ac roeddwn i'n gwybod y byddwn i'n treulio llawer o amser yn eu gwylio'n syrthio. Roeddwn i'n gwybod y byddwn i'n wan ambell ddiwrnod ac yn gorfod gwylio'r colledion o bell, eu gwylio'n gwingo a marw a phylu'n ddim, ond roeddwn i hefyd yn gwybod y byddai yna ddyddiau pan fyddwn i wrth y llyw. Roedd pawb â'r cyflwr hwn yn rhyfelwyr dementia. O'r tu allan, roedden ni'n disgleirio fel tyrau o oleuni llachar yn amlwg i bawb, ac eto y tu mewn roedden ni'n dywyll a dilewyrch. Ffrwyno'r cysgodion oedd ein gwaith ni, ac roedden ni'n gwneud y gwaith hwnnw'n andros o dda. Roedden ni'n rhyfelwyr, un ac oll!

Ac ar y diwrnod hwn, efo'r anghenfil dementia yn fy herio i wyneb yn wyneb, roeddwn i'n gwybod 'mod i wedi ennill y frwydr ac yn gallu sefyll yn gadarn yn erbyn y gelyn dementia bygythiol. Ac i chi gael gwybod, does yna ddim llawer o bobl mewn iard goed yn Suffolk a fyddai'n llunio brawddeg fel yna! Y pegwn telynegol wrth dorri coed yn y goedwig fyddai brawddeg debyg i, "Hei, mêt! Mae'r goeden yna fel toes, wneith hi ddal hoelen?" Dyma'r peth: un o agweddau mwyaf anarferol y dementia oedd ei fod wedi cipio fy ngallu i ysgrifennu ond wedi gwella fy ngallu i fynegi fy hun. Dyma'r dyddiau pan fydda i'n dweud 'mod i wedi cymryd rhywbeth oddi ar y dementia, yn hytrach na'r dementia wedi cymryd rhywbeth oddi arna i.

Wnes i ddim dweud wrth Teresa beth roeddwn i wedi bwriadu ei wneud. Doeddwn i ddim yn gweld y pwynt, er ei bod hi'n gwybod erbyn hyn, a dwi'n aml yn meddwl beth fyddai wedi digwydd iddi hi a Kate pe na bai'r trên wedi cael ei ganslo neu pe byddwn i wedi cymryd y cam hwnnw.

Rai dyddiau yn ôl, pan oeddwn i'n seiclo efo Deb, roedden ni'n sôn am yr ymgais ar hunanladdiad o ran beth i'w roi yn y llyfr. Wyddoch chi, mi lifodd y teimladau i gyd yn ôl ac roedd yn rhaid i fi stopio seiclo a sychu fy llygaid. Mi wnaeth yr emosiwn fy syfrdanu i'n llwyr, ac roeddwn i'n synnu 'mod i'n dal i gofio'r diwrnod hwnnw efo emosiynau mor bwerus. Am beth ofnadwy i fod wedi ei ystyried; am beth ofnadwy i gael eich gyrru i'w wneud.

Mi wnes i ddweud wrth Deb, "Mae olion gwadnau'r esgidiau yn dal ar y tractor, 'sdi. Dwi'n credu 'mod i wedi penderfynu peidio â'u sychu nhw achos 'mod i angen rhywbeth i f'atgoffa i."

Mi ges i fy adfywio'n llwyr ar ôl ceisio lladd fy hun. Am nad oedd yna neb wedi bod yno i fy helpu i, roeddwn i wedi penderfynu mai fy nghenhadaeth i fyddai helpu pobl eraill. Doeddwn i ddim mor haerllug i feddwl 'mod i'n mynd i achub bywydau na bod yn llais dros ddementia, achos doeddwn i ddim yn rhywun arbennig; dwi erioed wedi bod. Ond roeddwn i eisiau gwneud rhywbeth i ddangos nad oedd pobl fel chi ar eich pen eich hun. Chi, y bobl oedd yn gadael swyddfa'r meddyg ymgynghorol efo diagnosis newydd neu chi'r teuluoedd oedd yn gorfod delio â'r anghenfil yma. Neu chi, y bobl oedd yn byw heb affliw o syniad o'r hyn oedd yn llechu rownd y gornel – a waeth i ni wynebu hynny, mi allai fod yn chi. Roeddwn i eisiau gwneud rhywbeth i helpu a hefyd eisiau ymdeimlad o bwrpas yn fy mywyd fy hun.

Un o'r pethau wnes i benderfynu ei wneud oedd cadw

dyddiadur o fywyd efo dementia, ond fu hi ddim yn hir cyn i'r anghenfil dementia gipio'r syniad hwnnw oddi arna i a rhedeg, gan chwerthin ar ben fy rhwystredigaeth i, yn ôl i'w gornel fach dywyll hyll. Y gwir amdani oedd fod fy llawysgrifen wedi dirywio nes ei bod yn annarllenadwy. Fel plentyn, roeddwn i'n ysgrifennu cystal gyda'r ddwy law: y tric mawr oedd ysgrifennu dwy frawddeg wahanol efo dwy law ar yr un pryd. Erbyn hyn, dwi ddim yn gwybod ai ysgrifennu efo'r llaw chwith neu'r llaw dde ydw i. Dydw i ddim hyd yn oed yn gallu ysgrifennu fy llofnod. Os meddyliwch chi am y peth, mae ein llofnod yn rhan mor angenrheidiol o fywyd ac yn ein galluogi ni i wneud cymaint o bethau: bancio, siopa, adloniant. Dyma'r stamp sy'n diffinio pwy ydyn ni; mae'n unigryw i ni ac os bydd unrhyw un yn ffugio ein llofnod, mae'n ein pechu ni ac mae'n her i'n holl hunaniaeth. Felly, meddyliwch sut beth yw bod heb lofnod. Meddyliwch sut beth yw methu ysgrifennu eich llofnod ar unrhyw ffurf gyson. Waeth ym mha law mae'r beiro, dydy fy ymennydd i ddim yn gallu anfon neges i'r llaw i ffurfio'r llythrennau.

Mae'r cofnod cyntaf yn y dyddiadur yn dangos fy llawysgrifen yn 2015 ac mae'r ail yn dangos y dirywiad erbyn 2017. Dyna arwydd gweledol o sut gwnes i golli'r sgiliau penodol hynny. Ond dwi'n dal i wenu wrth weld, hyd yn oed bryd hynny, pa mor benderfynol oeddwn i o beidio â gadael i hyn gael y gorau arna i, ac mae'r emoji wyneb bach a gwên yn adrodd cyfrolau am ba mor herfeiddiol oeddwn i.

Y peth dychrynllyd am golli fy ngallu i ddarllen ac i ysgrifennu mwy nag un neu ddwy frawddeg yw bod hynny'n golygu na fydda i byth yn darllen y llyfr yma. Mae'n rhaid i fi ymddiried yn Teresa a Deb i wneud yn siŵr ei fod yn adlewyrchu fy mywyd ac yn dweud y pethau dwi eisiau iddo ei ddweud. Dwi wedi bod yn meddwl am hyn, ac mae ychydig bach yn debyg i fod yn eich byd bach eich hun lle mae popeth yn teithio tuag atoch chi, ac eto dydych chi ddim yn rhan o'r byd bellach. Dwi'n teimlo 'mod i mewn parth amser gwahanol, mewn byd gwahanol, a bod pobl eraill yn treulio llawer mwy o amser yn fy myd i na fi. Mae'n debyg mai'r hyn dwi'n ceisio ei ddweud yw, er bod y llyfr hwn yn ymwneud â fy mywyd i, stori rhywun arall yw hi achos fydda i byth yn ei darllen. Mae hyn yn gwneud i fi feddwl am ba mor fregus ydw i, a sut mae'n rhaid i fi ymddiried yn llwyr mewn pobl eraill i 'ngwarchod i. Os oes lluniau yn y llyfr yma – a dwi'n gobeithio bydd yna rai – yna ymhen rhai blynyddoedd mi fydda i'n gallu edrych ar y lluniau a sylweddoli, gobeithio, mai lluniau ohona i ydyn nhw. Ond fydda i dal ddim yn gallu cofio gwneud y pethau sydd yn lluniau, a dwi'n meddwl tybed a fydda i'n dal i deimlo fel fi. Gobeithio bod hynny'n gwneud synnwyr. Wyddoch chi, mae colli'r gallu i ddarllen yn rhwystredig ac yn gwneud i fi deimlo fel plentyn tair oed yn yr ysgol. Rŵan 'ta, mae hynny wedi sbarduno atgof clir mwya' sydyn! Dwi'n cofio bod yna athrawes gyda llygaid croes, a doedden ni byth yn gwybod ar bwy oedd hi'n edrych wrth ddwrdio. Ei llys-enw hi oedd 'llygad y gogledd' a dwi'n taeru ei bod hi'n gallu gweld rownd corneli. Dwi'n ei chofio hi, bechod. Ond dwi ddim wir yn cofio fi mwyach, neu hyd yn oed ai fi oedd yr un a oedd yn cael y cerydd.

Y llynedd, ym mis Gorffennaf 2019, ar hap llwyr, mi wnes i gyfarfod â Deb. Mi wnaethon ni gyfarfod yn y siop feics leol. Dwi'n cofio hynny! Heb ei chefnogaeth hi, dydw i ddim yn meddwl y bydden ni wedi eistedd i lawr ac ysgrifennu'r llyfr hwn. Roeddwn i wastad yn gwybod 'mod i eisiau ysgrifennu llyfr am fy nghyflwr, ond allwn i byth fod wedi gwneud hynny ar fy mhen fy hun. Bron na fyddech chi'n dweud mai ffawd oedd cwrdd â Deb.

Gofynnodd Deb pam roeddwn i eisiau ysgrifennu'r llyfr hwn. Dwi'n credu mai'r ateb yw ei fod wedi creu pwrpas arall i 'mywyd i. Pan ydych chi'n byw gyda dementia, mae pob uchelgais yn mynd ar goll. Ydych, rydych chi'n dysgu byw bob dydd, ond dwi'n credu eich bod chi'n colli'ch ymdeimlad o gyflawniad oherwydd eich bod chi'n anghofio popeth rydych chi wedi'i gyflawni bob dydd. Mae fel dyfrio planhigyn marw: dydych chi ddim yn gallu dod â'r peth yn ôl yn fyw felly rydych chi'n rhoi'r gorau i geisio. Ond os yw stori fy mywyd a'r hyn dwi wedi'i gyflawni mewn du a gwyn, yna o leiaf mae'r cyfan ar gof a chadw, a gallaf obeithio y bydd fy mhlanhigyn yn adfywio, hyd yn oed os mai llond llaw o ddail a blodau fydd arno.

Ychydig cyn i 'nhad farw, mi wnes i ddod ar ei draws yn edrych ar ei lun priodas a dynnwyd 60 mlynedd yn ôl. Roedd yn adnabod Betty, ei wraig o, fy mam i, ond roedd yn cael trafferth adnabod y dyn ifanc cryf a oedd yn sefyll wrth ei hymyl. Roedd methu cofio pwy oedd o yn ei ddrysu a'i ddychryn, dwi'n credu. Ac wrth gwrs, fel mae'r dementia yn gwaethygu ac wrth i fi ddod yn debycach i Dad, dwi hefyd yn dychryn. Pe byddech chi'n gofyn i fi ddisgrifio sut ydw i'n edrych, fyddwn i ddim yn gallu. Yn syml, dydw i ddim yn gwybod sut ydw i'n edrych erbyn hyn. Wrth gwrs, dwi'n adnabod fy hun os dwi'n edrych mewn drych (a dwi'n edrych yn drwsiadus iawn, ydw wir), felly dwi ddim wedi teithio mor bell ar fy llwybr dementia â Dad, ond dyma'r peth, un diwrnod mi fydda i – ac un diwrnod, fydd 'na ddim drych digon sgleiniog na digon mawr i fi adnabod fy hun. Gobeithio y bydd y llyfr yma'n fy helpu i gofio pwy oeddwn i ac nid pwy ydw i, oherwydd dydw i ddim yn siŵr y bydda i'n gallu delio ag ofn cignoeth fel yna.

Dwi'n meddwl am Dad fwy a mwy y dyddiau hyn ac yn meddwl tybed sut bydda' i os ydw i'n byw i'w oed o. Roedd yn 92 pan fu farw, er 'mod i weithiau yn anghofio ei fod wedi'n gadael ni. Y feddyginiaeth dwi'n ei chymryd yw'r dos cryfaf sydd ar gael. Chafodd Dad erioed ddos fel yna, felly dwi'n amlwg mewn gwaeth sefyllfa nag oedd o, yn enwedig o ystyried fy oedran i.

Yn fy meddwl, dwi'n gweld dementia ar ffurf tri cham allweddol. Dwi'n meddwl i bobl hŷn – pobl fel Dad, sydd wedi teithio'n bellach ar hyd llwybr dementia – maen nhw ar ran hawdd y llwybr, y llwybr gwastad. Maen nhw wedi derbyn eu tynged ac yn gadael i'w hunain lithro ymlaen, gan ildio i fympwyon pobl eraill, allan o reolaeth, dim ond yn bodoli. Mae eraill yn gwneud eu penderfyniadau drostyn nhw. Yn y pen draw, dwi'n gwybod y bydd yn rhaid i fi ildio i'r dementia a phan na fedra' i ymladd mwyach, mi fydda i ar y llwybr hwnnw hefyd. Ond ar hyn o bryd, dwi ar gam arall. Dwi ar ddringfa galed greigiog, yn dal i ymladd, yn dal i fod yn fi, yn dal i fod yn Peter ac yn dal i fod â ffordd bell i deithio cyn i fi gyrraedd y llwybr gwastad.

Ac yna dwi'n meddwl bod 'na gam olaf i'r daith, pan fydda i'n byw mewn lŵp diddiwedd mewn amser, ddim wir yn deall sut gwnes i gyrraedd y llwybr gwastad, ddim yn cofio'r rhan greigiog a pha mor galed gwnes i frwydro; ddim yn cofio o un diwrnod i'r llall, yma ond yn gwneud dim heblaw bodoli ac aros. Mae hynny'n fy nychryn i a dyna pam dwi'n canolbwyntio ar y presennol; ar y pethau dwi'n gallu eu gwneud a'r pethau dwi'n dda am eu gwneud.

Y peth arall a ddigwyddodd wrth i'r dementia ddatblygu oedd 'mod i wedi colli fy ngallu mathemategol, a oedd yn golygu nad oeddwn i'n gallu defnyddio arian. Mae hynny'n rhan arall o 'mywyd i sydd wedi'i naddu ymaith, oherwydd roedd mathemateg yn rhan allweddol o fy mywyd gwaith. Dwi bellach wedi datrys y broblem hon drwy ddefnyddio cardiau digyswllt yn unig, ond mae'n atgof annymunol arall o ymdrechion dementia i'ch gwneud yn aelod analluog o gymdeithas. Fesul tipyn, mae dementia yn ceisio cael gwared ar eich gallu i weithredu mewn bywyd ac roedd rhaid i mi feddwl am strategaethau newydd i ymdopi.

Pan ddaeth yn amlwg na allwn i gofnodi fy meddyliau bellach, mi wnes i ddigalonni, ond awgrymodd Kate 'mod i'n cofnodi fy meddyliau mewn fideos byr a'u postio ar Facebook. Dyna'n union wnes i, gan feddwl mai dim ond dau neu dri y byddwn i'n eu gwneud. Ond cyn pen dim, roeddwn i'n gwneud fideo wythnosol am fyw efo dementia ac yn cael adborth anhygoel gan bobl o bob cwr o'r byd. Mewn un dalaith yn America, maen nhw'n defnyddio fy fideos i ddysgu plant beth yw dementia cynnar ac i gael gwared â rhai o'r ystrydebau. Mae hynny'n anhygoel! Bron i ddwy flynedd yn ddiweddarach, erbyn i fi gyrraedd fideo rhif 103, dyma fi'n penderfynu rhoi'r gorau iddi. Roedd wedi dod yn amlwg i fi fod y weithred o wneud y fideos wedi mynd yn rhy gymhleth; oedd, roedd gen i ddigon i'w ddweud o hyd, ond doeddwn i ddim yn gallu delio â'r broses o recordio a phostio ar Facebook ac roedd hynny'n fy ngwneud i'n rhwystredig iawn.

Gofynnais i Deb bostio neges yn datgan bod y fideos yn dod i ben, ac roedd yr ymateb yn llethol. Y cyfaddawd oedd y bydden ni'n gwneud diweddariad misol. Dwi'n dweud 'ni' achos dwi ddim yn gallu gwneud pethau o'r fath ar fy mhen fy hun. Mae angen cefnogaeth arna i, ac er mor anodd yw hi i fi gydnabod hyn a'i dderbyn, dyna sydd raid. Dwi'n gallu cerdded i'r ardd a chyrraedd cyn belled â giât yr ardd, ond dydw i ddim yn gallu cofio sut i'w gwthio hi ar agor erbyn hyn, felly dydw i ddim yn gallu mynd drwy'r giât i'r ochr arall. Dwi'n gallu gweld yr ochr arall, sy'n gwneud popeth gymaint yn fwy rhwystredig. Mae'r ochr arall yn cynnwys dôl brydferth lle mae pobl yn cerdded ac yn mwynhau bywyd ac yn gweld y tu hwnt i'w cartref eu hunain ac yn profi pethau newydd, ond mae'n ddôl dydw i ddim yn gallu mynd iddi bellach. Nid ar fy nghyfer i mae'r blodau ar y ddôl, dydy'r coed ar y ddôl – a finnau'n gallu eu hadnabod o hyd – sydd fel cewri uwchben y bobl islaw, ddim yn taflu cysgod drosta i bellach. Erbyn hyn, dwi angen pobl yno efo fi, yn gafael yn fy llaw ac yn gwthio'r giât ar agor ar fy rhan. Dwi bob amser wedi bod yn ddyn balch, bob amser yn hapus i arwain y ffordd, ond dwi bellach yn sylweddoli nad oes dim o'i le ar fod angen help. Y peth anoddaf yw cydnabod hynny.

Teresa a Kate oedd y gefnogaeth fwyaf i fi, ond weithiau doeddwn i ddim eisiau iddyn nhw wybod pa mor anodd oedd pethau. Roedden nhw'n byw efo fy nementia i bob dydd, a finnau'n gwybod bod angen ambell hoe arnyn nhw, ac roeddwn i'n dal eisiau eu hamddiffyn nhw cyhyd ag y gallwn i.

Felly, efo cefnogaeth Deb, dyma ddechrau gwneud diweddariad fideo misol, ac mae'r rhain wedi profi'n hynod boblogaidd. O fewn ychydig oriau i bostio'r diweddariadau, roedden nhw wedi cyrraedd dros 4,000 o bobl. Dwi'n credu bod hynny'n anhygoel! Mae'n debyg eu bod nhw'n rhoi cysur i lawer o bobl eraill. Dwi'n cofio rhannu rhywbeth ar un o'r fideos cynnar yn sôn sut roeddwn i'n cnoi tu mewn fy moch wrth fwyta, y foch chwith bob tro, a pha mor boenus oedd hyn. Roeddwn i wedi cymryd bod hyn yn rhywbeth a oedd yn digwydd i fi a neb arall, ond ymatebodd cymaint o bobl drwy ddweud bod hyn wedi digwydd iddyn nhw hefyd a pha mor dawel eu meddwl oedden nhw i wybod bod eraill sy'n byw efo dementia wedi cael yr un profiad. Roedd rhannu'r math hwn o wybodaeth yn amhrisiadwy ac roedd yn rhoi tawelwch meddwl neu gysur i eraill allan yna.

Yn ein byd dementia, rydyn ni bob amser yn dweud, os ydych chi wedi gweld un person â dementia, yna dim ond un person â dementia rydych chi wedi'i weld, oherwydd bod dementia yn effeithio ar bawb mewn ffordd wahanol. Ond yr hyn sydd yr un fath, dwi'n siŵr, yw bod ein bywydau o ddydd i ddydd yn dipyn o frwydr. Ond rydyn ni'n addasu, rydyn ni'n dal ati, rydyn ni'n byw bywyd hyd eithaf ein gallu, a dwi'n credu bod hynny'n rhywbeth y dylai pobl nad oes ganddyn nhw lawer o gysylltiad â dementia fod yn ymwybodol ohono. Dydw i ddim yn llefarydd penodol ar gyfer pobl sy'n byw efo dementia, ond dwi am ddweud hyn ar ran y rhai sy'n byw efo'r cyflwr: mae'n gallu bod – na, MAE hi – yn anodd. Rydyn ni'n ceisio ymladd y frwydr ddyddiol hon yn fewnol, felly dydy hi ddim o hyd yn amlwg o'r tu allan ein bod ni'n cael trafferth. O'r tu allan, mae'r dyfroedd yn edrych yn eithaf tawel ond, o dan yr wyneb, rydyn ni'n troedio'r dŵr ac yn padlo fel pethau gwyllt i gadw'n pennau uwchben y dŵr.

Ond dyma fi, efo ychydig o ddyfeisgarwch a chefnogaeth, wedi newid mwya' sydyn. O fod yn foi digon cyffredin o Suffolk, yn rhedeg busnes pren, yn torri coed, yn llunio archebion, yn anfonebu, hyd yn oed yn delio â'r dyn treth (calla dawo!), roeddwn i wedi mynd ar daith anhygoel o ddiagnosis, iselder, meddyliau hunanddinistriol a dwy ymgais aflwyddiannus i ladd fy hun, cyn i oleuni ddisgleirio ar y llwybr gan oleuo'r camau nesaf yn glir. Roedd gen i ddilynwyr ar Facebook, cynulleidfa ar YouTube, gwefan newydd sbon wedi'i chreu gan Martin, gŵr Deb, a rhyw fath o enwogrwydd yn datblygu. Mater i fi oedd mynd â hyn ymhellach a gweld beth gallwn i ei wneud. Mater i fi oedd edrych ar fy anghenfil dementia a dweud, "Ty'd o'na ta. Wyt ti'n meddwl dy fod ti'n galed? Wyt ti'n meddwl dy fod ti'n barod am y frwydr yma?"

Fel dwi'n ei ddweud o hyd (yn rheolaidd iawn, yn ôl pob tebyg), dydy bywyd ddim ar ben efo dementia; dim ond ychydig yn wahanol! Ac roedd pethau'n sicr yn mynd i fod yn wahanol o hyn ymlaen.

(iv)

2018 – YR HER SEICLO GYNTAF

A minnau wedi penderfynu 'mod i'n mynd i wneud gwahaniaeth yn yr amser oedd gen i ar ôl, dyma baratoi cynllun. Roeddwn i wastad wedi bod yn seiclwr brwd ac wedi bod yn cystadlu mewn treialon seiclo pan oeddwn i'n iau. Roeddwn i'n gyflym ac yn heini, ac yn dal wrth fy modd yn seiclo. Pan fyddwn i'n gwneud y treialon, mi fyddwn i'n seiclo o Framlingham i Ipswich, pellter o 15 milltir, cystadlu yn y treial cyflymder, bwyta bar siocled Mars ac yfed tun o Coke, ac yna seiclo adra. Doedd gen i ddim offer seiclo ffansi na diodydd electrolyt na bariau protein. Y cyfan oeddwn i oedd seiclwr da mewn pâr o siorts llac ac esgidiau ymarfer. Dwi'n credu, pe bai'r amgylchiadau wedi bod yn wahanol, y byddwn i wedi gallu bod yn seiclwr lled-broffesiynol. Roedd trefnwyr y treialon amser hyn yn arfer edrych arna i a gofyn am fy nhrefniadau teithio, a phan oeddwn i'n dweud 'mod i wedi seiclo 15 milltir i gyrraedd yno, roedden nhw bob amser yn edrych yn syfrdan. Roeddwn i'n laslanc tenau, gyda golwg benderfynol arna i, ond o roi beic i fi, roeddwn i'n troi'n seiclwr ffyrnig!

Pan ddirywiodd fy ngallu i yrru car, mi wnes i ddechrau defnyddio fy meic fwy a mwy. Roedd gen i feic Claud Butler o'r 1950au a oedd wedi costio tua £250 rai blynyddoedd ynghynt. Beic a hanner ar y pryd, ac mae'n hynny'n dal i fod yn wir. Wrth ei reidio i'n tref agosaf, roeddwn i'n cael fy rhyddhau o ormes dementia, a dyma fy nghariad at seiclo yn tanio o'r newydd. Ac yna, ar hap llwyr, mi ges i syniad. Mi fyddwn i'n hybu ymwybyddiaeth o'r clefyd ofnadwy yma drwy seiclo ar draws y wlad – A i A (nid A i Y, mi fyddai hynny'n rhy amlwg). Aberystwyth fyddai dechrau'r daith gan orffen yn Aldeburgh yn yr hen Suffolk annwyl. Y bwriad oedd profi 'mod i'n iach, er 'mod i'n byw efo'r cyflwr ofnadwy yma, neu o leiaf 'mod i'n iach o'r aeliau i lawr.

Roeddwn i'n gwybod na allwn i gwblhau'r her ar fy mhen fy hun, ond mi wnaeth y gymuned gyfan ddod ynghyd i 'nghefnogi i. Daeth Jon, perchennog y siop feics leol, o hyd i feic ardderchog am bris rhatach, hael, ar yr amod ein bod ni'n rhoi cyhoeddusrwydd i'r gwneuthurwr – felly diolch yn fawr, Moda! Mi gawson ni'n noddi gan fragdy Adnams, ac roedd pobl leol yn barod iawn i gynnig help llaw. Wrth gwrs, mi fyddai angen cydymaith seiclo i helpu ar y daith, ac i wneud yn siŵr nad oeddwn i'n seiclo i'r cyfeiriad hollol anghywir a chyrraedd Torquay neu John O'Groats. Daeth y cydymaith i'r fei yn fuan iawn, ond wna i mo'i henwi hi: efo dim ond pythefnos i fynd, tynnodd yn ôl o'r her am resymau personol. Fodd bynnag, os na allwn i gael gafael ar rywun a oedd yn ddigon ffit i seiclo ar draws y wlad, roedd yn golygu na fyddwn i'n gallu gwneud yr her, ac mi fyddai'r holl ymarfer a pharatoi wedi bod yn ofer. Roeddwn i'n ofnadwy o siomedig ac mi wnes i lithro'n dawel i gyfnod o iselder. Dyma fi'n meddwl, beth oedd y pwynt? Os oeddwn i'n gorfod dibynnu ar help o hyd, doeddwn i ddim gwell na phlentyn. Roeddwn i'n biwis ac yn bigog, yn ymddwyn yn union fel y plentyn oeddwn i yn fy mhen.

Ond doedd fy merch ddim yn mynd i dderbyn yr holl

hunandosturi gan ei thad. Rhoddodd Kate neges ar Facebook a wyddoch chi beth? Dyma hi'n cael ateb gan ddieithryn llwyr o Gaint yn dweud y byddai'n gwneud y daith efo fi, ac er nad oedden ni erioed wedi cyfarfod, mi ddaeth hi i Friston efo'i beic. Ar ôl rhoi'r beics a ni'n hunain yn fan wersylla fy mrawd, dyma fo'n ein gyrru ni i Gymru ac mi wnaethon ni seiclo'r her gyfan efo'n gilydd.

Fy ffrind newydd, Jan, oedd fy ngalluogwr. Roedd gŵr Jan hefyd yn byw efo clefyd Alzheimer ac felly roedd hi'n deall yn iawn pa gymorth fyddwn i ei angen a pha rôl fyddai'n rhaid iddi hi chwarae. Er bod rhai pobl o'r farn y byddai fel gwyliau gweithio iddi hi, roedd hynny'n bell o fod yn wir. Roedd y daith yn rhyddhad mawr i Jan, a dwi'n gwybod ei bod hi'n trysori'r profiad. Roedd hi'n seiclwr gwych ac wrth ei bodd i fod yn rhan o'r her. Er ei bod hi'n byw yng Nghaint, mi fydd Jan a minnau yn ffrindiau oes, a dwi mor ddiolchgar iddi am gamu i'r adwy ar y funud olaf.

Mi wnaethon ni seiclo bron 400 milltir mewn haul crasboeth yr wythnos honno, a chodi £6,000 ar gyfer Young Dementia UK. Wrth gwrs, mi aethon ni ar goll, yn benodol yn ardal Birmingham, ond mae llawer o bobl wedi dweud wrtha i fod mynd ar goll yn Birmingham fwy neu lai yn anochel. Yn Birmingham, hefyd, mae mwy o filltiroedd o gamlesi nag yn Fenis: yng nghanol niwl dementia, dwi'n llwyddo i gofio'r ffeithiau rhyfeddaf.

Ambell ddiwrnod, roedden ni wedi bod ar goll i'r fath raddau nes ein bod ni'n hwyr yn cyrraedd y gwesty, er pryder mawr i Teresa, ond roedd Jan yn wych ac yn fy nghadw i'n ddiogel. Weithiau roedden ni wedi chwysu cymaint ac wedi yfed cymaint o ddŵr, doedd dal dim angen i ni fynd i'r tŷ bach – dyna pa mor boeth oedd hi. Mae'n bosib bod hynny'n ddigon o fanylion i lyfr fel hwn!

Pan ddaethon ni 'nôl i Aldeburgh, roedd torf fechan ond swnllyd yno i'n cyfarch ni, ynghyd â'r wasg a photel o siampên. Roedd ambell seiclwr o Gynghrair y Beicwyr Cyffredin yno hefyd, i seiclo rhan ola'r daith efo fi. Rhag ofn nad ydych chi'n gwybod, mae Cynghrair y Beicwyr Cyffredin yn seiclo ar feics peni-ffardding. Beics 'cyffredin' oedd enw'r rhain pan ddechreuon nhw gael eu cynhyrchu, ac mae'n debyg bod golwg y beics cyffredin hyn wedi aros yn fy mhen, oherwydd mi wnaethon nhw ymddangos eto'n fuan ar ôl i fi orffen yr her hon.

Roeddwn i ar ben fy nigon! Er mai fi wnaeth llawer o'r cynllunio, a mwynhau hynny'n fawr, mi wnes i gael ychydig o help. Roeddwn i'n dechrau dysgu derbyn hyn ac roedd cymaint o bobl wedi bod yn rhan o gynllunio'r her – yn enwedig Teresa a'm hen ffrind ysgol, Norman, gyrrwr y car cymorth – roedden nhw'n rhoi ymdeimlad o obaith i fi. Dwi wedi sôn eisoes nad oeddwn i eisiau i'r dementia fy niffinio i. Wrth i fi seiclo yn ystod yr wythnos honno, dyma fi'n sylweddoli mai'r hen Peter oeddwn i, yn gwneud yr hyn roeddwn i'n ei wneud orau. Ac roedd hynny'n beth rhyfeddol yn fy mywyd ar yr adeg honno.

Mi wnaeth i fi feddwl am fy mywyd a sylweddoli, er bod yna rai pethau na allwn eu gwneud, a bod y dementia'n mynd i gipio llawer mwy o bethau oddi arna i, bod cymaint o bethau roeddwn i'n dal i allu eu gwneud. Dwi bob amser wedi bod yn berson gwydr hanner llawn, ac os oedd yr anghenfil dementia yn ceisio gwagu'r gwydr, y ffordd orau i fi ennill oedd ei lenwi eto mor sydyn ag y gallwn i. Dwi'n meddwl i'm her lwyddiannus roi tipyn o gic yn nhin yr anghenfil ac mi ddiflannodd am gyfnod byr, wedi llyncu mul, ac i feddwl am ffordd wahanol o roi ei droed ar fy mrest. Ond am yr un wythnos fendigedig honno, dwi'n credu mai fi gariodd y dydd. Dros y chwe diwrnod hwnnw, roeddwn i'r dyn oeddwn i'n arfer bod, yn hytrach na'r dyn a oedd yn cael ei ddiffinio gan ddementia. Dwi'n credu bod hyn mor bwysig i unrhyw un, nid dim ond rhywun sy'n byw efo dementia, ond i unrhyw un sydd â chyflwr sy'n newid bywyd neu'n angheuol. Meddyliwch am y person fuoch chi, nid y person rydych chi'n ofni y byddwch chi. Gadewch i'ch bywyd ganolbwyntio ar y 'dwi'n gallu gwneud', yn hytrach na'r 'dwi ddim yn gallu gwneud'.

PENNOD

DAU

HAF 2018

DEB

(i)

O DDE LLUNDAIN I SAXMUNDHAM

Pan wnes i a'r gŵr, Martin, ymddeol yn gynnar ym mis Mehefin 2018 a symud i dref farchnad Saxmundham yn Suffolk, doedd gyda ni ddim syniad beth fyddai'n digwydd yn y dyfodol, ac roedd hynny'n frawychus ac yn gyffrous ar yr un pryd. Doedd byw yn Saxmundham ddim yn gwireddu breuddwyd oes, a doedden ni ddim wedi cynilo'n ofalus ers blynyddoedd er mwyn gallu byw yno. A bod yn onest, doedden ni erioed wedi clywed am Saxmundham. Y gwir yw, fe gymerodd hi dipyn o wythnosau i fi sillafu (a hyd yn oed ynganu) Saxmundham yn gywir.

Yn syml iawn, fe wnaethon ni ddewis Saxmundham oherwydd:

- Roedd y dref ger yr arfordir ond nid ar yr arfordir, achos dydw i ddim yn hoffi cael fy nihuno'n gynnar gan wylanod swnllyd;

- Roedd gorsaf drenau yno (er mai dim ond un trên yr awr oedd yn aros), gan hwyluso teithio i lawr i Lundain i wylio Arsenal;
- Roedd Waitrose yna;
- Roedd caffis a siopau cacennau yna, a'r peth pwysicaf oll, mae'n debyg …
- Doedd e ddim yn ne Llundain.

Ac ar hap llwyr, dyna sut newidiodd bywyd yn gyfan gwbl.

Roedd Martin wedi treulio blynyddoedd yn gweithio yn y diwydiant cyfrifiadurol, swydd a thaith cymudo a oedd yn araf bach yn sugno'r egni allan ohono; roeddwn i wedi bod yn gweithio gyda 'theuluoedd cythryblus' fel y'u gelwid, fel ymarferydd rhianta yn ne Llundain, ac roeddwn i wedi fy niflasu ac yn sinigaidd. Pan fydd pobl ifanc yn llofruddio ei gilydd ar fympwy dim ond oherwydd eu bod nhw'n teimlo'u bod nhw wedi cael eu 'hamharchu', mae'n sicr yn chwalu'ch ffydd chi yn naioni cynhenid pobl. Roeddwn i'n gwybod ei bod hi'n amser gadael.

Fe adawon ni dde Llundain – Southern Trains, mwrllwch, straen, trywanu a lladd disynnwyr – gyda phrin arlliw o dristwch a setlo yn ein cartref newydd. Roeddwn i'n meddwl y byddai symud i Suffolk yn arwain at dawelwch meddwl ac yn newid bywyd gwych. A dyna'n union sydd wedi digwydd. Ond doedd gen i ddim syniad y byddai'n arwain at gyfeillgarwch gyda dyn sydd wedi gweddnewid sut dwi'n edrych ar fywyd, dyn sydd wedi agor ei ddrysau led y pen a dangos ei sir wych a'i fywyd mewn ffordd sydd wedi goleuo fy nyddiau ac wedi newid fy agwedd tuag at fyw.

Roeddwn i wedi clywed am Peter cyn i fi gwrdd ag e. Yn ystod yr wythnosau cyntaf ar ôl symud i Saxmundham, fe wnes i dreulio llawer o amser yn Sax Velo, y siop feics leol, gan ei bod hi'n edrych fel canolbwynt cymunedol da a'r math o le lle fyddai rhywun yn cymryd trueni arna i a mynd â fi allan i seiclo.

Soniodd Caroline, a oedd yn berchen ar y siop gyda'i gŵr Jon, fod dyn lleol, dyn o'r enw Peter Berry, newydd ddychwelyd o her seiclo, lle roedd wedi seiclo yr holl ffordd ar draws y wlad.

Gan synhwyro fy niffyg rhyfeddod, neu ddiffyg gwybodaeth ddaearyddol, dyma hi'n ymhelaethu: "O Aberystwyth i Aldeburgh. Ar feic."

"Anhygoel," meddwn i.

Ond roedd Caroline yn synhwyro nad oedd hi wedi creu llawer o argraff arna i. "Ydych chi'n gwybod ei fod o'n byw efo clefyd Alzheimer?"

"O, ydi?' atebais innau.

Doeddwn i ddim yn gwybod rhyw lawer am glefyd Alzheimer. Roedd fy mam-gu oedrannus wedi cael diagnosis yn ei saithdegau, ond roedd fy mam wedi f'amddiffyn i rhag ei thymer ddrwg a'i hwyliau cyfnewidiol. Yr unig ddealltwriaeth oedd gen i am y symptomau oedd y pytiau yr oedd Mam wedi dewis eu rhannu gyda fi, felly doedd gen i fawr o wybodaeth. Roeddwn i wedi cymryd yn ganiataol fod dementia yn rhywbeth a oedd yn dod law yn llaw â henaint, fel brychau ar y croen, dannedd gosod, gwlychu neu faeddu a thymer flin. Doedd gen i'm syniad y gallai effeithio ar bobl iau. Yn sicr, doeddwn i ddim yn gwybod sut.

"Ydy, a dim ond 53 ydy o."

Dwi'n credu 'mod i wedi mwmian rhyw ystrydeb annigonol am ba mor ifanc oedd hynny.

"Mae'n gyflwr angheuol, w'chi. Does dim gwella iddo fo."

Fe wnes i feddwl am hynny am ychydig ar ôl mynd adref. Roedd 53 yn ymddangos yn ifanc i fi, ond cyn pen dim, roedd rhaid mynd i'r afael â'r llu o benderfyniadau hollbwysig yn fy mywyd personol i, wrth i Martin a finnau gael trafodaeth danbaid ond buddiol am sawl brws tŷ bach ddylen ni brynu ar gyfer tŷ gyda phedwar tŷ bach. Ie, y cwestiwn oesol hwnnw, sydd wedi drysu a chreu penbleth i deuluoedd ers cenedlaethau: ddylen ni gael un ar gyfer pob tŷ bach neu fynd am y dewis llai swanc ond mwy darbodus, un brws tŷ bach teithiol? Dyma'r problemau oedd yn hawlio'n sylw ni ychydig dros flwyddyn yn ôl; problemau'r cyfnod cyn-Peter a oedd yn fy mecso i ac yn hawlio lle yn fy meddwl. Wnes i ddim meddwl mwy am Peter a dementia cynnar tan y diwrnod canlynol, pan es i 'nol i'r siop a gwneud rhyw sylw ffwrdd â hi i'r perwyl, "Wel, falle dylwn i gwrdd â'r hybarch Peter Berry, arwr seiclo Suffolk."

Roedd dyn main, gwallt llwyd a lliw haul, yn gwisgo dillad seiclo llawn, yn sefyll yn y gornel yn archwilio'r beics. Dyma fe'n troi ata i.

"Wel," meddai, "mi ydych chi wedi'i gyfarfod o rŵan." Roeddwn i'n gallu clywed grwndi Suffolk yn ei acen, gan wneud iddo swnio'n gynnes a charedig. Gwenodd ac estyn ei law. Fe wnaeth Peter i fi deimlo'n gartrefol ar unwaith, ac er y dylwn i, o edrych 'nôl, fod wedi teimlo cywilydd am wneud ffŵl ohonof fi fy hun gyda'm datganiad rhodresgar, doeddwn i ddim o gwbl. Roeddwn i'n teimlo'n agos at Peter yn syth. Roedd yn gwenu fel dyn a oedd yn caru bywyd a phobl. Sut allai dyn fel hyn fod yn byw gyda chyflwr angheuol? Dwi ddim yn siŵr y byddwn i'n gwenu fel yna pe bawn i yn ei esgidiau e.

Cofiwch chi, i fod yn onest, doedd e ddim yn edrych fel rhywun oedd yn byw gyda dementia. Dyna fy nghamargraff cyntaf i am y rhai sy'n byw gyda'r cyflwr, a dwi'n gresynu hyd yn oed nawr wrth feddwl yn ôl i'r adeg honno. Beth oeddwn i'n ei ddisgwyl? Dyn gyda thân yn ei lygaid a gwallt brith afreolus, yn glafoerio i'w fib, breichiau ar led, yn rhedeg yn hanner noeth drwy strydoedd Suffolk, fel rhyw barodi o'r Brenin Llŷr?

"Deb ydw i," meddwn i. "Dwi newydd symud yma. Os ydych chi'n rhydd rywbryd, falle gallwn ni fynd i seiclo gyda'n gilydd."

"Yn bendant," meddai. "A gan eich bod chi'n berson dŵad i'r ardal, mi alla i ddangos llwybrau seiclo gwych i chi."

Fe wnes i ei weld e eto ychydig funudau'n ddiweddarach. Mae Saxmundham yn dref fach. Yn ogystal â'r siop feics, mae gan y stryd fawr droellog gymysgedd o siopau elusen, gwerthwyr tai, caffis a siop cigydd, heb sôn am bresenoldeb eclectig siop fframio lluniau ac oriel gelf, ac mae fel pe bai pob un ohonyn nhw'n cau ganol prynhawn fel tase'r dref wedi troi'r cloc yn ôl ddegawdau i Loegr yr oes a fu. Stryd fawr digon bach yw hi – waeth faint fyddech llusgo'ch traed, fyddai cerdded o un pen i'r llall ddim yn cymryd llawer mwy na thair munud. Felly, pan welais i Peter eto, fe wnes i godi llaw a dweud, yn y ffordd leiaf gwreiddiol posib, "A, yr hybarch Peter Berry. Mae'n llwybrau ni'n croesi unwaith eto."

Lledodd golwg o wacter llwyr ar draws ei wyneb – dim hirach na hanner eiliad – cyn iddo wenu a dweud, "Helo eto," ond sylweddolais yn yr hanner eiliad honno nad oedd e'n cofio dim ein bod ni wedi cwrdd, er mai dwy funud yn llythrennol oedd wedi pasio. Diolch i'r cameo hwnnw, yr ennyd byr hwnnw, fe ges i gipolwg bach ar ei fyd a'r strategaethau ymdopi yr oedd yn eu defnyddio. Doedd Peter ddim yn mynd i gyfaddef nad oedd yn fy nghofio i ond dilynodd fy arweiniad gan sylweddoli ein bod wedi cyfarfod mae'n rhaid. Dim ond nawr, wrth edrych yn ôl, ydw i'n deall pa mor ddewr oedd angen iddo fod i gynnal y rhith, y dewrder y mae'n ei gymryd i ddal ati gyda'r ffasâd hon a sut mae bod yn berfformiwr a bodloni ei gynulleidfa mor bwysig iddo.

Ac o ddechrau mor ddi-nod, tyfu wnaeth ein cyfeillgarwch ni, a thyfu hefyd wnaeth fy nirnadaeth i o fyd dinistriol dementia.

Y peth am Peter a'i ddementia oedd ei fod yn agor drysau i fi, a bod fy myd i'n ehangu wrth i'w fyd e grebachu. Mae wedi gwneud i fi herio fy agweddau breintiedig tuag at fywyd, i sylweddoli bod y pethau yr oeddwn i'n cwyno amdanyn nhw'n rhy ddibwys i boeni'r un eiliad yn eu cylch hyd yn oed, gan wneud i fi sylweddoli bod sawl tŷ bach, heb sôn am sawl brws tŷ bach, oedd gen i yn gwbl amherthnasol. Fe wnes i sylweddoli'n raddol mai anaml iawn yr oedd Peter yn cwyno. Ar y cyfan, roedd e'n berson gwydr hanner llawn, a phob tro byddai rhywun yn dwyn diferyn o'i wydr, fe fyddai'n dod o hyd i ddiferyn arall i gymryd ei le. Dydw i ddim mor siŵr y gallwn i yfed o wydr fel hwnnw heb dagu. Dwi'n credu y byddai cynnwys y gwydr hanner llawn yn ceulo a chrebachu y tu mewn i fi. Dwi'n ofni y byddwn i'n arllwys cawod o fustl chwerw, afiach dros bawb o gwmpas, er mwyn ceisio cael gwared ar flas dementia. Ond roedd Peter yn rhoi'r argraff ei fod yn ffynnu ar gynnwys y gwydr hanner llawn, a'i fod yn ei ddigoni ac yn ei gynnal, ac yn blasu cymaint yn well na'r dewis arall, gwydr hanner gwag.

Fe wnaeth Peter gadw at ei air a mynd â fi allan am dro ar ein beics. Roedden ni'n dod ymlaen yn dda, ac yn fuan roedden ni wedi datblygu trefn o reidiau mwy rheolaidd, dim ond Peter a fi. Er ei fod yn rhan o grŵp seiclo a hefyd yn mwynhau mynd ar ei ben ei hun, roedd rhywbeth am ddeinameg ein cyfeillgarwch a oedd yn apelio at y ddau ohonom ni. Gyda phob tro o'r pedalau, gyda phob milltir a deithiwyd, roedd cyfeillgarwch a chwmnïaeth rhyfedd a rhyfeddol yn datblygu.

(ii)

ARCHWILIO'R ANGHENFIL DEMENTIA YN FWY MANWL

Dydyn ni ddim wedi adnabod ein gilydd ers rhyw lawer, ond mae egin o gyd-ddealltwriaeth yn datblygu. Pan fyddwn ni allan, dwi'n atgoffa Peter i yfed neu fwyta ac mae e'n fy nghynghori i am fryniau a newid gêr. Mae cydbwysedd yn y berthynas hon nad yw baich trwm dementia yn gallu amharu arno. Fyddwn i ddim yn seiclo heb Peter, na Peter heb fi.

Heddiw, rydyn ni wedi teithio i Dunwich. Mae'n ardal wledig mor drawiadol, gyda golygfeydd ysbeidiol o'r môr yn ymddangos bob yn hyn a hyn o'n blaenau. Rydyn ni'n oedi ac yn edmygu'r amrywiaeth syfrdanol o liwiau, sydd, fel baneri carnifal, yn frith o gwmpas Dunwich: lliwiau porffor, gwyrdd, coch a melyn yn cyhwfan yn awel ysgafn yr haf. Mae'n wledd i'r llygaid; mae'n falm i'r enaid ac yn llenwi fy nghalon. Dwi'n credu ei fod yn gwneud yr un peth i Peter.

Mae rhywbeth am seiclo sy'n annog Peter i rannu ei feddyliau.

"Dyma'r peth," meddai Peter. "Beth amser yn ôl, mi wnes i roi wyneb i'r dementia, ac wrth wneud hynny, roeddwn i'n gallu delio efo fo a symud ymlaen. Roedd gen i orffennol, ond roedd dementia eisiau dwyn fy nyfodol, felly mi oedd yn rhaid i fi wneud fy ngorau glas i sicrhau nad oedd y cythraul bach yn gallu dwyn hyn. Felly, mi wnes i dynnu llun yr anghenfil dementia, rhoi wyneb iddo fo, ac mae hynny wedi bod yn help garw."

"Sut mae'r anghenfil dementia'n edrych?"

"O, mae o'n fwbach bach hyll, ŵy o ddyn efo trwyn pigfain, a hwnnw'n diferu o lysnafedd. Mae ganddo fo lygaid dieflig."

Mae Peter yn edrych arna i a hanner gwenu, er mwyn lleddfu ychydig ar y disgrifiad.

"Does 'na ddim llawer o bethau o'i blaid o, a dweud y gwir. Pan fydda i'n mynd i seiclo, dwi'n gadael yr anghenfil dementia adra. Mae o'n aros amdana i, dwi'n gwybod hynny. Ond pan fydda i allan yn seiclo, fi ydy bos yr anghenfil dementia, nid fel arall. Pan dwi'n seiclo, dwi'n pedlo i ffwrdd o'r dim byd, y cyfan dwi'n ei weld yw'r tu blaen a'r tu ôl i fi. Mae seiclo wedi troi'n achubiaeth i fi; tro'r pedalau yn fy meddwl yw 'nghuriad calon i bellach. A dim ond pedlo ymlaen sy'n bosib, alli di ddim pedlo'n ôl, a dyna sy'n bwysig."

Mae disgrifiad Peter o'i anghenfil dementia mor fyw, bron nad ydw i'n gallu teimlo anadl sur a thwym yr anghenfil ar fy wyneb. Dwi'n hanner disgwyl teimlo ergyd ar fy nghefn a gweld diferion o lysnafedd gwyrdd yn llithro i lawr fy ysgwydd. Dwi'n edrych ar Peter. Mae'n byw yn yr ennyd eto, yn edrych ar y golygfeydd, yn gwrando ar synau'r adar, yn bodoli a dim mwy. Dydy'r diferion o boer ac arogl chwerw anadl yr anghenfil yn amharu dim arno fe.

Mae Peter yn troi ac yn edrych arna i. "Oes 'na unrhyw ran o hynny'n gwneud synnwyr?"

Erbyn hyn, dwi'n sylweddoli bod esboniadau Peter yn rhyfeddol o fyw; mae pob brawddeg yn cynnwys sbloet o liw. Mae'n paentio darlun o'i ddementia, smotiau disgrifiadol yn tasgu ar y canfas, yn goleuo fy meddwl, yn fy helpu i weld sut beth yw ei brofiad e. Pan mae'n siarad, mae fel pe bai'n dileu haenen o saim i ffwrdd oddi wrth fy narlun i o ddementia, ac erbyn hyn mae popeth yn disgleirio'n glir fel crisial.

"Mae'n gwneud synnwyr perffaith," dwi'n ateb.

Dim ond eiliad arall mewn amser yw hon, sy'n crynhoi ein cyfeillgarwch sy'n blodeuo bob dydd; y ddau ohonon ni, yn pwyso ar ein beics, yn ymgolli yn y golygfeydd o'n blaenau. Mae fel pe bawn i'n eu gweld nhw am y tro cyntaf a Peter efallai'n ofni y gallai fod yn eu gweld nhw am y tro olaf. Ond rydyn ni'n dau yn ymwybodol o bresenoldeb tywyll, sinistr yr anghenfil dementia sy'n llechu ar soffa Peter gartref. Nid gyda ni, ond yn ddigon agos nes 'mod i'n ofni y bydd chwa go sylweddol o wynt yn ddigon i aduno'r ddau ohonyn nhw.

"Sut mae anghenfil dementia Teresa yn edrych?" dwi'n gofyn, yn chwilfrydig. Yn fy meddwl, dwi eisoes wedi tynnu llun ohono: efallai bod anghenfil Teresa yn cael ei ddiffinio gan ymylon miniog, siarp sy'n tyllu ei chalon pan fydd hi'n edrych arnyn nhw; efallai ei fod yn gymeriad anodd ei ddal, yn aflonydd, o hyd yn chwilio am ffyrdd newydd o achosi poen i Peter; efallai bod ei anghenfil hi'n ddim byd ond lwmp mawr o fraster, a hithau'n gobeithio y bydd yn ffrwydro rhyw ddydd a gadael eu bywydau, ei olion ar wasgar ar y ffordd, yn swper i fwncathod a hebogiaid. Dwi'n sylweddoli bod fy nychymyg i'n drên, a hwnnw'n drên gwyllt.

Mae Peter yn edrych arna i, nid golwg dosturiol ond golwg o ddifyrrwch bron iawn, oherwydd fy mod i mor ddiniwed.

"Wel, dyma'r peth: mae ei hanghenfil dementia hi'n edrych yn debyg iawn i fi," meddai. Ond mae'n dweud hynny mewn ffordd mor garedig a thosturiol nes bod darn bach o 'nghalon i'n toddi.

Ac yna, mae'n dringo ar ei feic, yn sgwario ei ysgwyddau ac yn dechrau pedlo, ychydig ymhellach i ffwrdd oddi wrth ei anghenfil dementia. Ond yn eironig, wrth i'n taith dynnu tua'i therfyn, rydyn ni'n dau yn gwybod bod pob tro pedal hefyd yn ei yrru yn ôl adref ac i freichiau oeraidd yr anghenfil dementia.

PENNOD
TRI

HYDREF 2018

PETER

(i)

HERIAU NEWYDD

Ar y pwynt hwn yn ystod misoedd yr hydref, yn ddibynnol ar y tywydd, roedd fy nyddiau yn ymwneud yn bennaf â seiclo. Roeddwn i'n dal i allu seiclo ar fy mhen fy hun ond yn graddol sylweddoli nad oeddwn i'n teimlo mor ddiogel, ac yn meddwl i fi fy hun bod gwir angen dod o hyd i ateb i'r broblem hon. Bron fel pe bai ffawd wedi penderfynu, roeddwn i wedi cyfarfod â ffrind newydd annhebygol rhyw ddeufis ynghynt. Roedd Deb a'i gŵr, Martin, wedi symud o dde Llundain, ac ymhen dim, roedd hi wedi dod yn gydymaith seiclo i fi. Dwi'n dweud annhebygol oherwydd doeddwn i erioed wedi cyfarfod â neb o dde Llundain o'r blaen! Ar ben hynny, roeddwn i wedi bod yn ddigon bodlon a pharod erioed i seiclo ar fy mhen fy hun, ond dyma fi'n sylweddoli 'mod i bellach yn hapusach yn seiclo efo rhywun arall, arwydd arall o gynnydd y dementia. Nid mater o gael rhywun arall i arwain y ffordd neu drwsio fy meic oedd hi; waeth i ni gyfaddef, os mai dyna oedd y bwriad, mae'n debyg na fyddwn i wedi dewis Deb! Ar ôl ei gwylio hi unwaith yn ceisio gweithio allan pa ben y pwmp i'w gysylltu â'r falf ar y teiar, buan iawn y gwnes i sylweddoli nad oedd ei sgiliau yn cynnwys unrhyw elfen dechnegol! Ond y prif beth oedd, roedd Deb fel pe bai'n deall fy nghyflwr, er ar lefel weddol arwynebol bryd hynny. O, ac mi oedd hi'n gwmni da wrth gwrs, yn ffraeth ac yn rhaffu jôcs. Dyna'r drafferth efo cael cyd-awdur; maen nhw'n sleifio pob math o bethau i mewn i'r testun.

Roedd pethau'n eitha da o ran iechyd hefyd. Roeddwn i wedi penderfynu nad oeddwn i'n mynd i gael sgan arall. Doeddwn i ddim yn gweld y pwynt. Doedd fy ymennydd ddim yn mynd i adfywio, a phwy fyddai wir eisiau gwybod faint o ddirywiad oedd wedi digwydd dros y flwyddyn flaenorol? Roeddwn i'n gwybod, ac mi oedd hynny'n ddigon. Doedd gen i ddim awydd edrych ar belydr-X i gadarnhau hynny. A doeddwn i ddim awydd cael mwy o brofion, na chymryd rhan mewn rhagor o dreialon cyffuriau. Roedd Teresa yn awyddus i fi gymryd rhan mewn cymaint o dreialon ag y gallwn i. Roedd hi eisiau bod wrthi'n gwneud rhywbeth ac mi oeddwn i'n deall hynny'n llwyr. Doedd hi ddim y math o berson i sefyll yn ei hunfan a gwneud dim. Ac roeddwn i'n ei charu am hynny, ond i fi, roedd y daith i Gaergrawnt neu i Lundain yn ddigon i fy llethu i, a doeddwn i ddim eisiau gwastraffu mwy o amser. Roeddwn i eisiau manteisio ar yr amser da oedd gen i ar ôl i wneud y pethau fyddai'n fy ngwneud i'n hapus ac yn ennyn fy niddordeb.

Y prif beth oedd 'mod i'n teimlo'n iach yn gorfforol. Roedd Teresa bob amser wedi bod yn un i roi cynnig ar unrhyw beth a allai arafu'r fyddin dementia a orymdeithiau'n benderfynol. Gan 'mod i wedi penderfynu troi cefn ar y treialon cyffuriau, roedd yn rhaid i ni greu ein dulliau ein hunain o frwydro yn erbyn y gelyn. Mi wnaethon ni ganolbwyntio ar ddeiet ac ymarfer corff. Roedden ni'n gwneud ein gorau i fwyta'n iach ac yn coginio ein prydau efo'n gilydd. Ac er bod hynny'n bwysig iawn oherwydd ein bod ni'n ôl yn ymddwyn fel cwpl arferol, yn gwneud y pethau mae cyplau arferol yn eu gwneud, roedd ochr ddigalon i hyn hefyd. Roedd hefyd yn ffordd arall i fi allu olrhain dirywiad fy nghof. Pan ddechreuon ni goginio efo'n gilydd, mi fyddai Teresa yn ysgrifennu rhestr o gyfarwyddiadau a finnau'n gallu mynd drwy'r rhestr yn araf ond yn ofalus. Dyna lle fyddwn i, yn fodlon fy myd, yn torri nionod, moron, maip – unrhyw beth fyddai hi'n eu rhoi o 'mlaen i – a dilyn fy nghyfarwyddiadau. Yn raddol, dyma fi'n sylweddoli 'mod i'n drysu rhwng moron a maip, a ddim pob dyn sy'n gallu dweud hynny. Yna, yn fwy poenus fyth, dim ond un cyfarwyddyd y gallwn ei ddilyn ar y tro, wedyn roedd yn rhaid i hwnnw fod ar lafar. Doedd dim pwynt i Teresa roi dim byd ar bapur i fi, er ei bod hi wedi bod yn rhoi'r cyfarwyddiadau mewn blychau unigol yn wreiddiol, a hynny wedi helpu efo'r darllen ac efo fy nghof i. Bellach, roedd fy nghof i wedi dirywio i'r fath raddau, erbyn i fi ddarllen y cyfarwyddiadau a dychwelyd at beth bynnag roeddwn i fod yn ei dorri, roeddwn i wedi anghofio beth i'w wneud. Ond roedd coginio efo'n gilydd fel cwpl yn fuddiol yr un fath, ac mi fyddwn i'n annog pob cwpl i wneud hyn os yn bosib.

Tua blwyddyn yn ôl, mi wnaethon ni benderfynu troi'n llysieuwyr. Fel hyn roeddwn i'n ei gweld hi: mae pawb yn gyfrifol am ei iechyd corfforol hyd eithaf ei allu. Os oedden ni'n bwyta'n iach ac yn ymarfer corff, roedden ni'n gofalu am ein hunain hyd eithaf ein gallu. Roeddwn i'n gwybod nad oedd llawer y gallwn ei wneud am fy ymennydd, ond roeddwn i'n sicr yn hapus i gymryd rheolaeth dros weddill fy nghorff. Unwaith roeddwn i wedi rhoi'r gorau i fwyta cig, mi wnes i sylwi 'mod i'n teimlo'n wahanol hefyd. Mi wnes i sylweddoli hefyd 'mod i wedi troi'n hen ffŵl sentimental. Ers i rywun ddechrau cadw moch yn y cae sy'n ffinio â'n gardd ni, doeddwn i ddim yn gallu meddwl am fwyta brechdan bacwn mwyach. Ac oherwydd bod dementia wedi cipio fy synnwyr arogli, doeddwn i ddim yn cael fy nhemtio gan oglau bacwn, sef y rheswm mwyaf cyffredin dros gwymp y llysieuwyr mwyaf penderfynol. Do wir: roedd dementia wedi dwyn fy synnwyr arogli. Elfen ryfedd arall o'r cyflwr. Mae'n debyg bod fy ymennydd wedi bod yn pwyso a mesur y pethau oeddwn i eu hangen, a'r pethau nad oeddwn i eu hangen, ac wedi dod i'r casgliad nad oedd angen i fi arogli dim byd bellach. Pan oedd Teresa yn coginio, roedd hi wastad yn gofyn sut oedd y bwyd yn arogli a finnau bob tro'n dweud ei fod yn arogli'n wych, ond doeddwn i ddim wedi sylwi ar arogleuon coginio, nionod, garlleg – y pethau rydyn ni'n eu cymryd yn ganiataol – ers misoedd lawer bellach.

O, a dyma beth arall: mi wnaeth Deb f'atgoffa i ychydig wythnosau yn ôl, pan oedden ni allan yn cael panad o goffi, fod dynes wedi cerdded heibio i'n bwrdd ni a finnau, mae'n debyg, wedi stopio gwrando ar Deb, troi fy mhen a dweud 'mod i'n gallu arogli persawr y ddynes. Roeddwn i wedi dweud hyn wrth Deb yn syn oherwydd mai dyma'r tro cyntaf ers misoedd i fi allu arogli unrhyw beth. Roedd wedi mynd â fi yn ôl; y gallu i greu cysylltiad â phobl eraill mewn ffordd a oedd wedi diflannu. Yn amlwg, dydw i ddim yn cofio hyn bellach, ond roedd Deb wedi ei roi ar fy nhudalen Facebook ac roedd llawer o bobl wedi dweud pa mor wych oedd hynny, ac mae'n rhaid bod hynny, wrth fyw yn yr union ennyd hwnnw, wedi bod yn deimlad aruthrol i fi ei brofi eto. Mi wnes i ofyn i Deb gynnwys y digwyddiad hwn yn y llyfr achos does dim llawer o bobl yn ymwybodol fod dementia'n gallu dwyn rhai o'r synhwyrau yn llwyr.

Yn gyffredinol, serch hynny, roeddwn i'n teimlo'n iach, ond oherwydd 'mod i mor ymwybodol o fynd yn fwy anghofus, roeddwn i'n gwybod bod angen her arall er mwyn fy nghadw i fynd. Roeddwn i angen rhywbeth i ganolbwyntio arno, wedi i beth o orfoledd yr her seiclo ddiweddar ddechrau pylu. Roedd yna lawer o bethau oedd yn gwneud i fi ymgolli a chadw'n brysur – ac, mae'n debyg, yn gymharol fodlon. Roeddwn i'n mwynhau stwna yn yr ardd, ei chadw'n daclus, ac yn cael pleser wrth dorri'r glaswellt. Roeddwn i hefyd wrth fy modd yn torri coed ar gyfer y stof llosgi coed, ac mi oedd y pethau hyn yn fy ngwneud i'n fodlon ac yn rhoi ymdeimlad o bwrpas i fi. Ond dyna'r math o ddyn ydw i erioed: dwi angen targed i ganolbwyntio arno fo. Ac mae hynny'n fwy gwir rŵan nag erioed.

Ac yna, un dydd Sul, pan oedd Deb wedi mynd i seiclo efo'r grŵp seiclo dydd Sul o Saxmundham, mi gwympodd oddi ar ei beic a thorri ei hysgwydd. Roeddwn i wedi ei gadael hi yng nghwmni seiclwyr eraill a dyma hi'n dod 'nôl ata i wedi torri! Mi ddylai hynny fod yn wers iddi! Wrth gwrs, roeddwn i'n poeni amdani, ond mi gafodd ei damwain gryn effaith arna i hefyd, a minnau'n ôl yn seiclo ar fy mhen unwaith eto. Ond doedd y profiad ddim yr un fath o gwbl. Roedd y broses o seiclo ar fy mhen fy hun yn fy nychryn i, nid oherwydd 'mod i ddim yn gwybod fy ffordd o gwmpas, achos mi oeddwn i ar y pryd – er mi fyddai fy nghof i'n pallu yn amlach nag oedd o, ond ar y pryd, mi fyddwn i'n dilyn y llwybrau seiclo cenedlaethol a dyna ddatrys y broblem. Na, y pryder mwyaf oedd y byddwn i'n mynd ar goll ac roeddwn i'n poeni y byddwn i'n rhewi, yn drysu ac yn ffwndro, a doeddwn i ddim eisiau hynny o gwbl. Doeddwn i ddim eisiau wynebu'r agwedd honno ar ddementia. Seiclo oedd yn fy ngwneud i'n Peter Berry, a doedd dim lle i'r anghenfil dementia pan oeddwn i allan ar gefn beic. Seiclo oedd popeth, ond byddai mynd ar goll a ffwndro yn ddim mwy na gwahoddiad i'r anghenfil sleifio ei ffordd yn ôl i fy myd.

Fel dwi wedi'i ddweud eisoes, os oeddwn i'n seiclo, roeddwn i'n gadael y dementia adra. Ond yn anochel, pan fyddwn i'n cyrraedd adra ar ôl sawl awr o seiclo, mi fyddai pethau'n newid. Roedd gen i drefn: glanhau fy meic, cael cawod, tanio'r stof llosgi coed fel bod y tŷ yn gynnes braf, wedyn eistedd ar y soffa, mwynhau gweddillion y rhuthr endorffinau, a'r atgof o deimlo fel yr hen fi.

Dyma fyddai'r pwynt pan fyddai'r anghenfil dementia yn gallu penderfynu symud tuag ata i'n araf bach, rhoi braich am fy ysgwydd, closio bob yn dipyn, i fy atgoffa i ei fod o'n dal yno. Doeddwn i'n gallu gwneud dim i'w rwystro. Er mai byr oedd y ddihangfa, roedd yn fuddiol iawn, felly mi wnes i ddysgu byw efo presenoldeb yr anghenfil. Roedd fy nhawelwch i, a'i dawelwch yntau, yn brawf o hynny. Roeddwn i'n gallu derbyn y sefyllfa'n fodlon eto, er gwaetha'i bresenoldeb a 'mod i'n gallu teimlo'i anadl boeth ar fy wyneb.

Y peth rhyfedd arall, er ei bod hi'n anodd i fi ei esbonio, oedd bod seiclo efo Deb yn teimlo'n iawn, ac yn yr un modd, bod seiclo hebddi yn teimlo'n anghywir! Un peth am Deb pan oedd hi'n seiclo oedd pa mor aml roedd hi'n snwffian! Mi wnes i ddod yn hoff iawn o'r snwffian hwnnw, a doeddwn i ddim eisiau mynd i seiclo mewn ardal ddi-snwffian. Roedd fel pe bai Deb bob amser yn rhedeg allan o hancesi papur pan oedden ni ar daith, felly roeddwn i'n cario rhai sbâr ac yn eu cyflwyno nhw iddi, fel consuriwr yn tynnu cwningen o het.

Os nad oedd hi'n snwffian, roedden ni'n sgwrsio wrth seiclo, ond weithiau roedden ni'n pedlo mewn distawrwydd, bodlon hefyd. Dyna'r peth am seiclo – roedd yn fy ngalluogi i fod y dyn yr arferwn fod; wrth i fi bwyso ar y pedalau, mi fyddai'r dementia yn lleddfu, a finnau'n teimlo'n gryfach ac yn gallu meistroli pethau'n well. Roeddwn i'n gwybod 'mod i'n cael fy ninoethi gan y dementia, ond ar yr un pryd yn gwybod 'mod i, wrth seiclo, wrth wthio fy hun yn gorfforol, yn fwy nag y bûm i erioed. Roedd hi'n anodd esbonio, ond bron nad oeddwn i'n fwy o berson, yn fwy o ran maint ac yn fwy galluog nag oeddwn i o'r blaen. Wrth seiclo, fi oedd y meistr a dementia oedd y gwas, er mai am gyfnod byr y byddai hynny. Roedd y teithiau ar feic efo Deb wedi dod yn annisgwyl o bwysig i fi ac i'm lles.

Ond ar hyn o bryd roedd hi'n mynd o gwmpas Saxmundham efo'i phen yn ei phlu a'i braich mewn sling, a'r dyddiau seiclo wedi'u gohirio dros dro. Roedd y segurdod yn gwneud iddi deimlo'n isel, gyda'r iselder hwnnw'n treiddio i mewn i fy mywyd i, nes 'mod i mewn peryg o ddod yr un mor swrth. Roeddwn i'n gwybod bod angen i fi gael rhywbeth i'w wneud, rhywbeth fyddai'n mynd â'm sylw i, tra'r oedd hi allan ohoni. Dyna benderfynu cynllunio her seiclo newydd. Roedd y cam cyntaf yn hawdd – penderfynu 'mod i'n mynd i seiclo pedair sir Dwyrain Anglia: dechrau yn Suffolk, i Swydd Gaergrawnt, ymlaen i Swydd Lincoln, yna Norfolk ac yn ôl i Suffolk. Dyma dynnu'r map allan a nodi gwahanol bwyntiau a oedd yn edrych fel llefydd call i aros, ond wedyn dyna fi'n cyrraedd y giât ar waelod yr ardd a methu â'i hagor hi a mynd drwyddi, er i fi wthio a stryffaglu fel peth gwyllt. Allwn i ddim cynllunio y tu hwnt i'r pwynt hwnnw. Roedd hynny mor annheg: finnau'n gwybod bod byd allan yna, ond bod ei gyrraedd y tu hwnt i 'ngallu i.

Roeddwn i'n ddig, felly er mwyn gwneud iawn am fy niffyg gallu i gynllunio, dyma benderfynu gwneud y daith ychydig yn fwy heriol. Codi'r bar ychydig yn uwch. Gwneud pethau'n anoddach oedd fy ffordd i o brofi i fi fy hun 'mod i'n dal yn alluog iawn mewn sawl ffordd ac y gallwn i anwybyddu'r pethau negyddol drwy ganolbwyntio ar y pethau cadarnhaol.

Yr ateb? Gwneud y daith gyfan ar fy meic peni-ffardding. Flynyddoedd yn ôl, roeddwn i wedi rasio beics peni-ffardding ar drac seiclo, felly mi wyddwn i 'mod i'n gallu eu reidio'n ddidrafferth. Ar ddiwedd her y llynedd, roeddwn i wedi cael benthyg beic cyffredin (yr enw swyddogol ar feic peni-ffardding) ac wedi mynd am dro fer. Mae'n rhaid bod hynny wedi aros yn fy mhen a phenderfynais gwblhau'r her newydd i gyd ar feic peni-ffardding.

Mi ges i fenthyg beic peni-ffardding gan ffrind o Gynghrair y Beicwyr Cyffredin i roi cynnig arno ac i weld sut byddwn i'n ymdopi, ac roedd fel gwisgo hen esgid. Does dim brêc na gêr ar feic peni-ffardding; er mwyn mynd arno, mae'n rhaid ei wthio a neidio ar y sedd gyda chymorth gris fach. Rhaid wrth gydbwysedd a nerth, ac roedd gen i'r ddau. I ddod i ffwrdd, roedd yn fater o fynd drwy'r drefn am yn ôl. Dwi wedi dweud erioed ei bod hi'n cymryd rhai oriau i feistroli sut i fynd a dod oddi ar feic peni-ffardding ond sawl mis i'w reidio'n ddiogel. Roeddwn wrth fy modd â'r beic ges i ei fenthyg, felly fe wnes i ei brynu. Dyna oedd un o'r pethau da am fyw efo dementia; roeddech chi'n gwybod nad oedd amser i'w wastraffu wrth wneud penderfyniadau. Felly, dyma i chi neges, cyngor go iawn, sy'n berthnasol i bawb, nid dim ond pobl sy'n byw efo cyflwr angheuol. Os ydych chi eisiau gwneud rhywbeth (a'i fod yn gyfreithlon ac yn fforddiadwy), yna mi fyddwn i'n eich annog i fwrw iddi a'i wneud! Beth yw'r pwynt cynllunio a meddwl? Dydyn ni ddim yn gwybod beth ddaw yn y dyfodol.

Y peth rhyfeddol am reidio beic peni-ffardding oedd 'mod i wedi gallu ailfeistroli hen allu mor sydyn.

Er mai beic cymharol newydd (saith mlwydd oed) oedd hwn, roedd yn feic peni-ffardding hynod o hardd o hyd. Os gallwch chi syrthio mewn cariad efo beic – a dwi'n meddwl 'mod i wedi profi bod hynny'n bosib – mi wnes i fopio'n llwyr ar Penny. Beic wedi'i brynu; her wedi'i chreu. Y cyfan oedd ar ôl oedd partner seiclo holliach er mwyn ymarfer! Roeddwn i wedi dechrau cyfeirio at Deb fel 'Deb asgwrn pigog', oherwydd roedd darn o asgwrn o'i hysgwydd yn gwthio allan ar ongl; mi allech chi fod wedi hongian eich cot arno. Felly roedd angen i Deb golli'r llys-enw a gwella reit handi. Doedd dim amser i'w wastraffu! Roedd yna her i ymarfer ar ei chyfer!

Y bwriad gwreiddiol oedd seiclo'r her ac annog eraill â chyflyrau sy'n newid eu bywydau neu sydd â chyflyrau angheuol neu hyd yn oed iselder i fynd ar gefn eu beics mewn gwahanol lefydd a seiclo rhywfaint o'r daith efo ni. Roeddwn i wedi gobeithio y bydden nhw'n cyfrannu £5 tuag at Young Dementia UK er mwyn cymryd rhan, ond y peth pwysicaf i fi oedd hybu ymwybyddiaeth o'r cyflwr a dangos i'r byd fod ychydig o ymarfer corff yn gallu gwneud i bobl deimlo'n well. Pe bawn i'n llwyddo i annog dim ond un person i ddechrau seiclo neu wneud rhyw fath arall o ymarfer corff o ganlyniad i'r her, wel, mi fyddwn i wedi bod yn fwy na bodlon.

Ond tyfodd y cyfan fel caseg eira, gan beri syndod a chyffro i fi ar yr un pryd. Y peth gwych am fyw mewn tref fach oedd yr ymdeimlad o gymuned. Mae'n bodoli, felly peidiwch â gadael i neb ddweud fel arall. Dyma griw o bobl eraill yn Saxmundham, gan gynnwys hen ffrind ysgol (Mark) – roedden ni wedi colli cysylltiad, ond mi ddaeth o hyd i fi ar Facebook – yn penderfynu eu bod nhw am wneud yr her gyfan efo ni, ac yna dywedodd Jan, yr arwres seiclo munud olaf o Gaint, y byddai hithau'n hoffi cymryd rhan hefyd. Yn sydyn, roedden ni'n dîm o bump – Mark, Jan, Mike (seiclwr lleol brwd arall), Deb a fi – ac roeddwn i'n gwybod y byddai pobl eraill o'r grŵp seiclo lleol yn ymuno â ni ar wahanol rannau o'r daith. Roedd her seiclo'r pedair sir yn mynd o nerth i nerth!

Treuliwyd llawer o amser yn ystod yr hydref naill ai'n cynllunio'r her neu'n gweld Deb a'i goddef hi'n dangos yr asgwrn annifyr yn ei hysgwydd i fi (ac unrhyw un arall yn yr ardal a oedd yn fodlon edrych arno). Dyna un peth am Deb a'i hysgwydd – doedd hi ddim yn rhy swil i'w dangos i'r rhan fwyaf o boblogaeth Saxmundham. Mi wnaethon ni dreulio llawer iawn o amser yn ein siop fara leol, yn sgwrsio, bwyta cacen a dod i adnabod ein gilydd ychydig bach yn well. Ac wrth i ni sgwrsio, mi wnes i rannu ychydig mwy o'r ofnau a'r meddyliau am ddementia oherwydd ei bod yn teimlo'n bwysig i hyrwyddo'r neges, ac roedd Deb wedi sôn y byddai hi'n hoffi ysgrifennu fy hanes i. Roedd yr amser wedi dod!

DEB

(ii)

BYW YN YR ENNYD

Yn anffodus, mae damweiniau'n siŵr o ddigwydd pan fydd person lletchwith fel fi yn reidio beic yn rhy gyflym heb dalu sylw i beryglon, ymyl y palmant yn yr achos hwn. Yn fuan ar ôl prynu fy meic newydd, fe wnes i fwrw ymyl palmant, hedfan oddi ar y beic, glanio ar fy ysgwydd a thorri padell yr ysgwydd a phont yr ysgwydd. Os ydych chi eisiau reidio beic, fe wnes i gael ar ddeall yn fuan iawn bod y rhain yn rannau eithaf pwysig o'r corff. Dwi ar lawr, yn llonydd ac mewn poen, ar balmant gwlyb ac oer yn Felixstowe am ddeugain munud, yn aros am yr ambiwlans. Mae fy ffrindiau seiclo i gyd yno, ynghyd â thri diffoddwr tân, nyrs a nifer o bobl leol pryderus. Mae'n debyg 'mod i wedi cwympo ger yr orsaf dân, lle'r oedd diffoddwyr tân yn gwneud cwrs iechyd a diogelwch, ac felly fe ges i groeso mawr am roi rheswm ymarferol iddyn nhw ddianc rhag diflastod astudio. Er i fi gael gwybod wedyn eu bod nhw'n ddiffoddwyr tân ifanc a chyhyrog, a finnau'n lled-orweddog ar lawr, dim ond eu pengliniau y gallwn eu gweld.

Dwi'n llwyddo i fwmian, "Beth yw sgôr gêm Arsenal?" cyn ildio i'r cyffur lleddfu poen a suddo i mewn i ryddhad lled-ymwybodol gan wybod ein bod ni wedi ennill 5–1. O'r diwedd dwi'n cyrraedd adran frys ysbyty Ipswich, yn waedlyd a phenisel, wedi drysu ond yn dal o gwmpas fy mhethau, gyda diagnosis o ysgwydd wedi'i thorri a chyfarwyddyd i beidio â gwneud ymarfer corff am wythnosau.

I fi, dyma'r peth gwaethaf allai fod wedi digwydd. Dwi'n berson diamynedd, ychydig yn orfywiog ac yn casáu cael fy nghaethiwo, er 'mod i'n gallu rhesymu mai am ychydig fisoedd y byddai hynny, ac nid am byth.

Mae yna ennyd byr pan dwi'n gallu ymddatod o'm meddyliau hunanol fy hun a meddwl sut beth yw bywyd i Peter, a fydd ar ryw adeg yn gorfod wynebu bywyd lle mae'n gaeth. Ond yna dwi 'nôl yn hunanol a myfïol wrth reddf ac mae popeth yn fi, fi, fi unwaith eto.

Yn ystod y cyfnod hwn, mae Peter yn dod yn gefn mawr i fi. Anwybyddwch unrhyw un sy'n dweud mai fi sy'n gefn i Peter. Mae ein cyfeillgarwch yn blodeuo ac yn llesol i'r naill a'r llall ohonom, a dwi'n credu bod hynny wedi ein synnu a'n plesio ni'n dau fel ein gilydd.

Rydyn ni'n dechrau cwrdd bob dydd am baned a sgwrs. Heddiw, mae Peter wedi cyffroi'n fawr. Mae e wedi meddwl am ei her ddiweddaraf, sef seiclo ar ei feic peni-ffardding ar draws pedair sir, ac mae'n dweud na fydd yn gwneud hynny oni bai 'mod i'n cadw cwmni iddo ar yr holl daith. Mae'n un da am berswadio, ac er bod fy ysgwydd wedi'i thorri a minnau ddim yn gallu dychmygu seiclo byth eto neu hyd yn oed edrych ar fy meic, dwi'n cytuno i fynd gydag e ar y daith.

Yn ystod y cyfnod hwn, Peter sy'n fy nghysuro y bydda i'n gwella, y bydda i'n seiclo eto ac y bydd popeth yn iawn. Peter, y dyn â chyflwr angheuol, sy'n dod o hyd i'r cryfder mewnol a'r gallu emosiynol i gamu y tu allan i'w fywyd ei hun, edrych ar fy mywyd i a dweud y bydda i'n gwella. Dwi â 'mhen yn fy mhlu cymaint ar y pryd fel nad ydw i'n sylweddoli peth mor aruthrol yw hyn.

Yn rhesymegol, wrth gwrs, dwi'n gwybod bod Peter yn iawn. Fe fydd llawfeddyg orthopedig medrus yn gwella fy ysgwydd ac fe fydda i'n cael fy nyrsio nes y bydda i'n iach eto, gyda dim ôl ond y graith leiaf posib a darn bach o asgwrn pigog. Fe fydda i'n cael cydymdeimlad, fe fydd pobl yn gofalu amdana i ac fe fydda i'n teimlo'n arbennig. Ac yna, ymhen deufis, fe fydda i'n ôl yn seiclo, yn rhedeg ac yn nofio. Dau fis! Dyna'r cyfan. Ond wrth i fi wella, fe fydd ychydig mwy o ymennydd Peter yn marw. Wrth i fi wella, bydd Peter wedi symud ychydig yn agosach at wynebu'r anghenfil dementia. Wrth i'r esgyrn wau at ei gilydd, bydd mwy o gelloedd ymennydd Peter yn troi'n dywyll ac yn marw. Dwi'n ceryddu fy hun am ymdrybaeddu mewn iselder hunandosturiol.

Ar ôl rhannu ei gynllun i wneud her y pedair sir, mae Peter yn difrifoli yn sydyn.

"Wel, dyma'r peth," meddai.

Dwi'n dysgu mai dyma un o hoff ymadroddion Peter, a'i fod mwy na thebyg ar fin dweud rhywbeth fydd yn fy llorio i.

"Mi allwn ni edrych mlaen at gynllunio'r her ac at ei chyflawni hi. Gwych. Ond wsti be', dwi'n colli cymaint o bethau. Nid dim ond y gallu i gofio, ond dwi'n teimlo bod mwy a mwy o'r oedolyn ydw i yn cael ei gipio ymaith. Weithiau dwi'n teimlo fel plentyn. Pan fyddwn ni'n mynd allan, Teresa sy'n dewis y bwyd achos fedra i ddim darllen y fwydlen bellach. Mae'n fy llethu i. Dwi ddim yn gallu cofio pa fwyd dwi yn ei hoffi a pha fwyd dwi ddim yn ei hoffi, er 'mod i'n bendant mai bwyd y diafol ydy olifau. Mae Teresa yn gadael nodiadau i fi – torra'r llysiau, tro'r ffwrn ymlaen, rho'r caserol yn y ffwrn. Cofia hwfro, cofia ddystio. Nid swnian arna i mae hi – mae'n rhaid iddi ysgrifennu popeth ar bapur i fi, fel arall fyddwn i byth yn bwyta – ond dwi'n teimlo bod mwy a mwy ohona i'n cael ei gymryd i ffwrdd."

Mae'n oedi. Dwi'n gwybod bod mwy i ddod. Dwi wedi dod i adnabod greddf theatrig Peter Berry. Bron nad ydw i'n gallu clywed curiad cyflym y drwm wrth i'r tensiwn gynyddu.

"Mi gawson ni lythyr drwy'r post y diwrnod o'r blaen yn sôn am sgan arall ar yr ymennydd."

"A?"

"Dwi wedi penderfynu peidio. Mae Teresa am i fi gael un. Ond dwi jyst ddim eisiau. Dwi ddim yn gweld y pwynt. Dydy o ddim yn mynd i wella, nacdi? Dwi ddim eisiau gwybod faint mwy o fy ymennydd i sydd wedi marw."

Wrth gwrs, mae'n rhaid i Peter ddal gafael ar rywfaint o allu gwneud penderfyniadau oherwydd dwi'n gallu gweld ei fod mewn perygl o fod yn gymaint o blentyn ag y mae'n ei ofni. Mae rhyw anobaith tawel yn y ffordd mae'n mynnu dal gafael yn y rhyddid sy'n weddill, gyda blaenau ei fysedd yn gwynnu wrth iddo afael yn fwy tynn bob dydd. Ond dwi'n drist, drosto fe a dros Teresa, eu bod nhw'n wynebu'r dewis ofnadwy hwn. Tybed beth fyddwn i'n ei wneud yn ei sefyllfa e.

Dwi'n meddwl am fy ysgwydd eto. *Am od*, dwi'n meddwl. Dwi eisiau gweld y pelydrau-X a'r sganiau o'r ysgwydd, dwi eisiau gweld yr asgwrn toredig oherwydd dwi'n gwybod y bydd yn gwella. Mae gen i hyd yn oed lun o'r pelydr-X ar fy ffôn i'w ddangos i'r ychydig ffrindiau diarwybod nad ydyn nhw wedi gorfod edrych ar yr anaf eto. Mae rhan ohona i sy'n mwynhau ymatebion a chydymdeimlad pobl pan fydda i'n eu gorfodi i weld fy 'asgwrn pigog'.

Ond, yn union fel nad ydy Peter eisiau dweud wrth bobl ei fod yn byw gyda dementia, does ganddo fe ddim awydd chwaith i weld ei feddwl darniog ei hun. Rydyn ni mor wahanol ag y gallen ni fod. Fi sydd mor barod i wneud sioe fawr o'r anabledd dros dro, a Peter yn daer dros guddio'i anabledd parhaol oddi wrth eraill, a nawr, mae'n ymddangos, oddi wrtho'i hun. Dyw e ddim eisiau gweld rhannau tywyll ei ymennydd sy'n marw a gwybod ei fod yn agosáu yn nes ac yn nes at bennod ffiaidd nesaf dementia a'i ddiweddglo anodd ac anochel. Dyw e ddim eisiau cael ei atgoffa o'i ddirywiad a'i farwoldeb. Mae'r cyferbyniad rhwng ein hagweddau a'n hanhwylderau yn amlwg ac, os ydw i'n onest, mae'n rhoi'r gic yn yr asennau roeddwn i ei hangen. Ond, yn ffodus, mae'r gic yn osgoi fy ysgwydd. Dydw i ddim yn credu y gallwn i fod wedi ymdopi â hynny.

Meddai Peter, "Wel, does 'na ddim pwynt poeni am y dyfodol. Fydda i ddim yn rhan o ddyfodol neb," a hynny heb y tamaid lleiaf o hunandosturi. Mae e wedi edrych ar hunandosturi – yr un hunandosturi dwi wedi bod yn ei lusgo gyda fi drwy'r dydd – a'i gicio'n ddiseremoni oddi ar y cae.

Pan dwi'n edrych lan i ddiolch iddo am fod mor gall, mae wrthi'n mynd i'r afael â'i fynydd o gacennau a choffi (weithiau mae'n anghofio beth mae wedi'i archebu ac yn eistedd gyda thomen o gacennau yn bentwr o'i flaen, fel gwydrau bach o fodca mewn bar) ac mae'n amlwg ei fod eisoes wedi symud ymlaen. Mae'r sgwrs rydyn ni newydd ei chael wedi diflannu eisoes i Peter, ond mae hi'n dal yn fyw i fi. Mae yn fy mhen, yn clecian ac yn atseinio yn fy nghof, bron fel pe bawn i'n ceisio gwneud iawn am ddiffyg cof Peter. Mae wedi sôn fod y drws i'w gof tymor hir wedi hen gau'n dynn, a does dim lle i unrhyw beth arall yno; mae'r drws i'w gof tymor byr wedi cael ei chwalu i bob pwrpas, a chynnwys yr ystafell wedi eu sugno ymaith a'u llyncu gan yr un anghenfil aflan sy'n sugno celloedd ei ymennydd.

Fel arfer, mae Peter yn byw am yr ennyd hwn, er mwyn melyster y cacennau a gwefr y caffein (ac, oni bai 'mod i'n twyllo fy hun, er mwyn pleser y cwmni), a dwi'n ei edmygu am hynny ac yn sarsio fy hun i ddringo allan o'r pwll o hunanfaldod.

Felly, hyd yn oed yn nyddiau cynnar dod i adnabod ein gilydd, dwi wedi cael rhodd gwych gan Peter, ac mae wedi dysgu gwers

werthfawr i fi hefyd. Mae'n fy nysgu i geisio byw am yr ennyd.
A dyna beth yw rhodd. Dwi eisiau estyn allan a gafael ynddi a
pheidio â'i gollwng, ond mae hynny mor anodd i'w wneud. Dwi
o hyd yn chwilio am rywbeth – peidiwch â chamddeall – dwi'n
fodlon, dwi'n ffodus – ond dwi o hyd yn meddwl tybed oes yna
fwy i fywyd na beth sydd gen i neu'n poeni bod trychineb yn
llechu rownd y gornel, yn aros i 'maglu i. Dwi'n drychinebydd
o'r radd flaenaf. Dwi'n cael trafferth mwynhau'r hyn sydd gen i;
mae fy meddwl i bob amser yn carlamu ymlaen i'r digwyddiad
nesaf yn fy mywyd. Mae'r ennyd unigol, arbennig y mae Peter,
oherwydd ei ddementia, yn cael ei orfodi i fyw ar ei gyfer a'i
drysori, bob amser y tu hwnt i 'nghyrraedd i.

Wrth i fi fyfyrio ar fy mywyd, dwi'n cael y teimlad 'mod i
wedi bod yn aros i rywun ddweud hyn wrtha i: mae angen i ti fyw
am yr ennyd. Dwi wedi bod yn chwilio am rywun sy'n brawf mai
dyma'r unig ffordd i fodoli. Dwi wedi treulio oes yn grwgnach,
yn cwyno, yn chwilio am fan gwyn man draw, a nawr mae Peter
wedi fy ngoleuo i; mae wedi rhoi'r anrheg annisgwyl hwn i fi.
Efallai nad yw wedi'i lapio mewn papur sidan gyda rhuban tlws,
efallai na wnaed sioe fawr wrth ei gyflwyno ac efallai nad oes
cerdyn anrheg gyda llun cath fach arno, ac efallai nad yw e wir
yn gwybod ei fod e wedi rhoi anrheg i fi, ond i fi, y fenyw gyda'r
asgwrn pigog, mae'n anrheg sydd wedi'i amseru'n berffaith a
dwi'n hynod ddiolchgar.

PETER

(iii)

HER Y PEDAIR SIR YN DATBLYGU, FY YMENNYDD YN DIRYWIO

Wrth i'r gwaith o gynllunio ar gyfer yr her fynd rhagddo, mi wnes i sylweddoli faint oedd fy nghyflwr wedi dirywio. Roeddwn i'n ei chael hi'n anodd chwarae unrhyw ran weithredol wrth drefnu'r her. Doeddwn i ddim yn gallu trefnu'r gwestai ar gyfer y nosweithiau, doeddwn i ddim yn gallu cael trefn ar lefydd i aros am ginio, doeddwn i ddim wir yn gallu dirnad faint o amser fyddai'r cymalau dyddiol yn ei gymryd. Yr unig beth roeddwn i'n ei wybod efo unrhyw sicrwydd oedd y byddwn i'n seiclo tua 50 milltir y dydd ar feic peni-ffardding. I fod yn onest, prin y gallwn i gofio'r siroedd roedden ni'n mynd i fod yn seiclo drwyddyn nhw. Roedd yn arwydd clir o faint oedd fy nghyflwr wedi dirywio: mi fyddwn i'n dweud yn bendant fod fy mys i ar y pwls yn ystod taith y llynedd; erbyn taith eleni, doeddwn i prin yn gallu rhoi bys a bawd o gwmpas fy arddwrn. Yr unig ddewis

Roedd rhoi wyneb i'r anghenfil dementia yn allweddol er mwyn i Peter allu gadael y bwystfil adref a dechrau cymryd rheolaeth ar ei ddementia

30/8/15

This is a memory that I am writting down Just in case it goes away:—

when I was about 12 years old I went with Father to look at some tree wonk along Blaxhall Rail Line it was a very hot day and had been a hot summer. (1976) We walked along the line it was moving in the heat (shimmering) there was animall bones all along the line, as we walked we could hear a train coming up the Line, we could Feel the track vibrating, my Father put a 2p bit on the track and we stood back a bit and whatchd the train go passed, after it had gone we Found the coin it had been Flattened but the train wheels! I still have it today :)

3/9/15

Good day today (clear day all day :) . I am Finding it difficult to read things and take in what I have read, I have noticed this more and more seems like what I read doesn't seem to stay in my head, reading little bits is best (oh well carrng on). another day tomorrow!!!

6/9/15

Last few days have Quite good clear days so more good days than bad ones! can't be bad then (whats all the fuss about hey!) Lets see how it all goes.

7/8/15

At night time I sleep well at first until about the early hours of the morning then my mind is Full of things, thoughts that don't make any sence my mind keeps me

Dyddiadur Peter yn 2015. Mae'r lawysgrifen yn glir ac yn ddestlus

2/11/17

my writing not very good now so I have desided to not write in here Any more Now. :)

Kate said to try A vidio so we are going to Give it a go who knows might work For every door that dementia closes For me I'll open Another-!!!

WATCH THIS space people :)

3/12/17

LAST WRITING IN BOOK going to do Vidio's From now on new START !' :)

Erbyn 2017 mae'r dirywiad yn llawysgrifen Peter yn amlwg

Gwrthgyferbyniad gwych rhwng fy meic ffordd i
a beic peni-ffardding Peter

Peter yn ymddangos yn jocôs iawn gyda Penny

Peter yn reidio Penni drwy Woodbridge wrth ymarfer

Hapusrwydd a gorfoledd amlwg ar wyneb Peter wrth iddo groesi'r llinell derfyn wedi Her y Pedair Sir.

Llun traddodiadol yn codi'r beics fry wedi gorffen her 1,500 milltir Alzheimer's Research UK

Peter a Teresa yn 2020

Peter yn myfyrio ar yr heriau a fu ... a'r heriau o'i flaen

oedd gorfod dibynnu ar y tîm o 'nghwmpas i, ond roeddwn i'n ei chael hi'n anodd derbyn hyn. Roeddwn i'n llawn cyffro am yr her, ond roedd y gwaith cynllunio yn fy llorio i; dyna oedd y peth rhyfedd. Roeddwn i eisiau canolbwyntio ar yr her, ond ar yr un pryd, roeddwn i'n ceisio peidio â meddwl gormod am y peth oherwydd doeddwn i ddim eisiau cael f'atgoffa faint oedd pethau wedi newid ers y llynedd, pan wnes i gynllunio'r rhan fwyaf o'r her fy hun.

Weithiau, mi fyddai'r pethau lleiaf yn dân ar fy nghroen i. Dwi'n cofio eistedd mewn caffi un diwrnod, a rhywun yn dweud wrtha i, "O, chi yw Peter Berry, y dyn sy'n dioddef efo dementia." Doedd o ddim golygu dim drwg; roedd ei sylw'n deillio o chwilfrydedd ac anwybodaeth yn hytrach na malais, ond roedd clywed y geiriau fel cyllell drwy'r galon. Dyma fi'n ceisio gweld fy hun drwy lygaid eraill a'r ddelwedd oedd yn dod i'r meddwl oedd hen begor, yn simsanu o gwmpas yn ddiymadferth, o bosib yn mynd ar gefn beic a'i reidio. Roedd yn ddarlun truenus, chwerthinllyd, ac roeddwn i'n ei gasáu. Roedd clywed yr un gair hwnnw – 'dioddef' – yn fy ngwneud i'n drist drosof fy hun ond dros eraill hefyd. Os mai dyma sut roedden nhw'n ystyried rhywun yn byw efo'r cyflwr yma, wel, mi oedd 'na lot o waith addysgu oedd angen ei wneud o hyd. Dwi'n cofio dal llygad Deb (roedd clywed yr ymadrodd anffodus wedi codi cymaint o arswyd arni hi ag arna i) a phwyntio ata i fy hun a gwneud siâp ceg, "Fi ydy hwnna, 'sdi." Bechod, mi wnaeth ei gorau glas i beidio â chwerthin, ond mi fynnodd rhyw roch aneglur ddianc o'i cheg. Eiliadau o'r fath oedd yn profi i fi ei bod hi'n 'deall', y gallwn i ymddiried ynddi a dechrau siarad yn fwy plaen â hi a'i gadael i mewn i fy myd dementia.

Ychydig wythnosau i mewn i'r broses gynllunio, cysylltodd Jan â'm gwraig. Roedd hi wedi cwympo oddi ar ei beic ac wedi torri asennau a chael anafiadau eraill, felly fyddai hi ddim yn gallu gwneud yr her efo mi. Beth oedd yn bod ar y gwragedd yma, a'u hanallu i eistedd ar sedd beic heb gael codwm?!! Pan soniodd Teresa, mi ges i dipyn o siom, ond yn waeth na hyn oedd 'mod i'n anghofio o hyd bod Jan wedi brifo. Dwi'n credu bod hyn wedi creu problem i Deb a'r lleill, a doedden nhw ddim yn siŵr a ddylen nhw ddweud rhywbeth bob tro y byddwn i'n crybwyll enw Jan a dweud ei bod hi'n mynd i fod yn rhan o'r grŵp. Yr ateb syml? Defnyddiwch eich synnwyr cyffredin ac, os yw hynny'n briodol, byddwch yn onest efo pobl sy'n byw efo dementia. Os nad oes unrhyw beth i'w ennill drwy fod yn onest, does dim byd o'i le ar gelwydd golau. Ond i fi, ar y pwynt yma ar y daith, roedd angen i fi gael gwybod am Jan a mater i fi oedd ymdopi â'r emosiynau a oedd yn codi yn sgil hynny. Dydw i ddim yn blentyn ac, er ei bod o weithiau'n teimlo bod bobl yn fy nhrin i fel rhyw greadur hurt neu fel plentyn, roeddwn i'n oedolyn a oedd yn gallu delio â phethau roedd oedolion eraill yn delio efo nhw a bod yn gyfrifol am sut roeddwn i'n teimlo. Dim ond fy nghof i oedd ar chwâl, nid fy emosiynau na fy enaid.

Mae'n rhaid i fi gyfaddef, serch hynny, ei bod hi'n anodd weithiau bod yn siriol bob amser gyda'r bobl o 'nghwmpas i. Doeddwn i ddim yn mynd i adael iddyn nhw wybod pa mor anodd oedd hi arna i. Fyddwn i ddim yn dangos fy nheimladau go iawn. Dim ond Teresa, a Deb o dro i dro erbyn hyn, oedd yn gweld pa mor anodd oedd cynnal y wedd siriol hon.

Dros y ddwy neu dair blynedd diwethaf, roeddwn i wedi cael fy ngalw'n berfformiwr gan nad oedd fawr o neb yn gwybod 'mod i'n byw efo'r cyflwr hwn. Roeddwn i wedi llwyddo i dwyllo pobl ac roedd hynny'n fy mhlesio. Ond pan fyddai pobl yn dod i wybod, byddai eu hagweddau'n newid. Roedd yna adeg pan oeddwn i a Teresa yn yr archfarchnad (mwy nag un adeg, a dweud y gwir – mae'n ymddangos ei bod hi'n treulio llawer o amser yno!) pan ddaeth rhyw ddynes aton ni. Doeddwn i ddim yn gallu cofio ei henw hi ac roedd hi'n amlwg yn sylweddoli hyn, felly – ac mae hyn yn wir bob gair – dyma hi'n troi at Teresa, i ffwrdd oddi wrtha i, a gofyn wrthi, yn eithaf uchel, "Sut mae Peter yn gyrru mlaen efo'i ddementia 'ta?" fel pe bai'r cyflwr yn gar newydd neu'n rhywbeth roeddwn i'n mynd i'w ddychwelyd i'r siop pan oeddwn i wedi cael digon arno fo, fel pe bawn i'n ei dreialu am ychydig nes i fi gael llond bol arno. Roeddwn i'n teimlo fel dweud 'mod i'n gyrru mlaen yn iawn, er 'mod i'n amau bod angen clytsh newydd, ond cadw'n dawel wnes i. Ddim ei bai hi oedd o; wrth gwrs, mi oedd hi'n bryderus ond, ar ben y pryder gwirioneddol hwnnw, roedd hi'n cario bocs llawn anwybodaeth efo hi yn ei throli siopa, ac yma, yn yr eil tuniau ffrwythau, dyma hi'n penderfynu ei agor a'i rannu efo ni. Mi wnes i sylweddoli fod gwir angen addysgu pobl a dechreuodd syniad gyniwair yn fy mhen ynglŷn â sut roeddwn mewn sefyllfa dda i hybu ymwybyddiaeth pobl o'r profiad o fyw efo dementia.

A dweud y gwir, roeddwn i wedi dechrau sylwi fwy a mwy ar anwybodaeth, embaras a lletchwithdod pobl. Yn syml, roedd rhai pobl yn teimlo gormod i embaras i siarad efo fi. Pe bawn i wedi cael diagnosis o ganser, dwi'n credu y bydden nhw wedi dod ata i a gofyn sut roeddwn i'n teimlo neu sut roedd y driniaeth yn mynd. Mi fydden nhw wedi edrych i fyw fy llygaid ac wedi 'ngweld i, Peter, yn brwydro canser yn ddewr. Dyna maen nhw'n galw pobl â chanser – brwydrwyr, ymladdwyr. Dwi ddim yn meddwl 'mod i erioed wedi clywed pobl yn fy nisgrifio i a'm dementia fel hynny. Rydyn ni'n bendant yn 'ddioddefwyr' yn eu golwg nhw. Mi fyddai pobl wedi dal i gyfathrebu efo fi achos mai Peter oeddwn i o hyd. Ond efo dementia, roedden nhw'n cymryd nad oeddwn i'n gallu siarad drosof fy hun a rhywsut, nad Peter oeddwn i bellach. Mi fyddai popeth yn mynd drwy Teresa. Roeddwn i eisiau dweud wrthyn nhw mai dim ond 38% o allu fy ymennydd yr oeddwn i wedi'i golli a 'mod i'n dal i allu cyfathrebu efo nhw, ond dyma'r peth od: roedd yn edrych yn debyg fod gan bobl ormod o gywilydd i siarad efo fi. Mi wnaethon ni golli llawer o ffrindiau hefyd; pobl yn mynd gyda'r llif yn araf bach, fel pe bai dementia yn heintus ac y bydden nhw'n ei ddal o gen i. Neu efallai nad oedden nhw'n siŵr sut i ymdopi efo fi ac yn meddwl ymlaen llaw a ddim yn credu y bydden nhw'n gallu bod yn fy nghwmni i pan fyddai fy nghyflwr yn dirywio. Dwi wir ddim yn deall cymhellion pobl, ond dwi'n gwybod ein bod ni wedi mynd yn eithaf ynysig yn gymdeithasol. Ar ben popeth arall roedd yn rhaid i Teresa a minnau ddelio efo nhw, roedd hyn yn teimlo fel yr hoelen olaf yn yr arch.

Pan fyddai fy mam yng nghyfraith yn cyfeirio at fy nementia, roedd hi'n tueddu i ddweud, "Mae gan Peter rywbeth o'i le ar ei ymennydd," ond dwi wir ddim yn meddwl ei bod hi erioed wedi credu 'mod i'n byw efo'r cyflwr hwn neu'n sicr doedd hi ddim yn deall pa mor ddrwg oedd o.

Ychydig ar ôl y diagnosis, pan oedden ni'n rhoi gwybod i bobl yn raddol 'mod i'n byw efo'r cyflwr hwn, roedd Teresa allan yn siopa. Pan ddaeth hi adra, roedd hi wedi ypsetio'n arw. Dywedodd ei bod wedi taro ar rywun a oedd – yn meddwl yn dda, fel mae pobl ar y cyfan – yn teimlo bod hawl ganddi i rannu ei barn hi ar y sefyllfa. Mae'n debyg bod y ddynes yma wedi awgrymu i Teresa mai esgus oeddwn i, er mwyn osgoi gwaith, efallai. Wedi'r cyfan, roeddwn i'n edrych yn iawn. Yr awgrym oedd y byddwn i'n gallu goresgyn y broblem pe bawn i'n ceisio ychydig yn galetach; mi fyddai trefn bywyd yn cael ei adfer ac mi fyddai Teresa o dan dipyn llai o bwysau. Yn ôl Teresa, roedd yn teimlo fel pe bai'r ddynes yn ddig efo fi am fod yn sâl, fel 'mod i'n siomi Teresa rywsut, fel pe bai fy nementia yn anghyfleus iddi hi yn hytrach nag yn gyflwr angheuol sy'n newid bywyd.

Mi wnes i ddod i'r casgliad nad dementia oedd yn dwyn ein hurddas ni, ond yn hytrach ymateb pobl eraill.

Felly, er mwyn brwydro yn ôl yn erbyn hynny, fel her bersonol bron iawn, roeddwn i'n ymdrechu'n galed iawn i ymddangos fel rhywun 'normal'. Mi fyddwn i'n dyfeisio strategaethau i fynd i'r afael â'r ffaith nad oeddwn i'n cofio wynebau neu enwau pobl, gan amlaf pan oedden ni allan. Y gêm oedd gwneud iddyn nhw feddwl 'mod i'n cofio. Os oedd enw rhywun wedi mynd yn angof (ac roedd hynny'n digwydd yn amlach na pheidio erbyn hyn), mi fyddwn i'n pwyso ar rywbeth fel 'yr hen ffrind' neu 'gyfaill'; os nad oedd gen i obadeia am y cyd-destun neu beth oedd gwaith pobl, mi fyddwn i'n dweud rhywbeth fel, "Wyt ti'n dal i fod yn yr un maes?" ac yna manteisio ar unrhyw gliw a fyddai'n deillio o hynny. Rŵan 'mod i ar bwynt pellach ar y daith, dydw i ddim yn gwneud cymaint o sioe o guddio'r ffaith nad ydw i'n gwybod efo pwy dwi'n siarad. Dwi wedi dysgu dweud, "Sori, atgoffa fi pwy wyt ti," a chwerthin i ddangos nad ydw i'n poeni am gyflwr echrydus fy nghof, er 'mod i, ond mae'r smalio mor bwysig.

Roeddwn i'n ystyried fy hun a'r dementia fel dau beth ar wahân. Er ein bod ni'n cerdded ar hyd llwybrau cyfochrog a'n bod ni'n gallu gweld ein gilydd yn glir, roedd 'na afon yn llifo rhwng y ddau lwybr ar y pryd. Mi wyddwn i fod yn rhaid i fi gadw at fy llwybr efo'r afon yn y canol. Cyhyd ag fy mod i'n aros ar fy ochr i o'r afon, mi fyddai popeth yn iawn. Unwaith y byddai'r ddau lwybr yn uno, mi fyddai'r afon yn fy sgubo i ymaith a fyddwn i byth yn gallu mynd yn ôl ar fy llwybr i. Os oeddwn i'n gallu argyhoeddi neu dwyllo pobl eraill 'mod i'n 'normal', yna yn fy meddwl i, mi fyddwn i'n gallu cadw at fy ochr i o'r llwybr am ychydig eto. Dyna pam roedd Teresa yn fy ngalw i'n berfformiwr. Dim ond hi oedd yn gwybod pa mor anodd oedd llwyfannu'r sioe yma. Yn y pen draw, mi wnes i ddweud wrth Deb, ond roedd balchder yn golygu nad oeddwn i wir eisiau i bobl wybod. Peter y Perfformiwr oeddwn i. Nid Peter oedd yn byw efo dementia. Buddugoliaeth fach arall i fi oedd hi; i'w chofnodi ar y ddalen fuddugoliaethau a'i chwifio o dan drwyn yr anghenfil dementia a chwerthin, a finnau'n gwybod, rhyw ddydd, mai ei dro o fyddai chwerthin arna i ac y byddai'r chwerthin yn para'n hirach ac yn dipyn mwy croch.

Felly dyma fi, yn gwenu ac yn chwerthin efo'r byd; dyma fi,

y Peter hapus a siriol a oedd yn byw efo cyflwr angheuol gyda llaw, ond hei, doedd hynny ddim yn mynd i fennu dim ar Peter. Roedd Peter hapus yn ffrind i bawb, efo jôc neu ffraethineb wrth law o hyd. Doedd Peter hapus ddim eisiau gwthio ei ddementia ar bobl eraill. Roedd gan Peter hapus wên lydan ar ei wyneb, ond os oeddech chi'n edrych yn ofalus, roedd hi mor wag ag ŵy Pasg siocled ac mi fyddai'n toddi yr eiliad y byddai'r haul yn tywynnu arno.

DEB

(iv)

PETER, Y PERFFORMIWR

Rydyn ni'n eistedd, fel y byddwn ni'n ei wneud yn aml, yn y siop fara – ie, lle fydden ni heb y siop fara leol hyfryd! Mae fy ysgwydd yn gwella. Dwi wedi bod yn ddigon ffodus i allu penderfynu peidio â chael llawdriniaeth. Yn lle hynny, dwi wedi penderfynu byw gydag ysgwydd sydd wedi torri'n barhaol oherwydd mae'n ymddangos i fi fod llawdriniaeth yn mynd i fod yn fwy o drafferth na'i werth. Mae fy ysgwydd i'n gweithio, hyd yn oed os yw hynny'n groes i'r graen i'r puryddion sy'n well ganddyn nhw ysgwyddau heb ddarn o asgwrn pigog yn mynnu dangos ei hun. Ond dwi wedi gwneud dewis sy'n addas i fi. Dwi mor lwcus. Er nad oes modd cymharu ein hamgylchiadau, dwi'n ymwybodol iawn bod y dewis hwnnw gen i, lle nad yw Peter erioed wedi cael dewis ynglŷn â beth i'w wneud am ei gyflwr.

Rydyn ni'n mynd i seiclo wythnos nesaf fel cam cyntaf y gwaith o baratoi ar gyfer yr her seiclo. Hon fydd ein taith gyntaf ers cwpl o fisoedd, gyda Peter ar gefn Penny a finnau'n reidio fy meic ffordd eto. Dwi'n teimlo cyffro a nerfusrwydd, a dwi'n meddwl amdana i yn hytrach na Peter. Ond, fel y gwna Peter, mae'n bachu fy sylw gyda'i eiriau.

"Dyma'r peth," meddai. "Dwi'n edrych fel ffenest siop gyda phob math o bethau sgleiniog a gwych yn y golwg. Y tu allan i'm siop, mae 'na botiau yn llawn o flodau lliwgar, a llwybr taclus yn arwain at ddrws y siop. Mae'r ffenestri'n lân a chlir, ac mae 'na gôt ffres o baent ar y gwaith pren. Mae hi'n edrych fel y math o siop fyddai'n saff o ddenu cwsmeriaid. Siop wych sy'n llawn o bethau cyffrous i edrych arnyn nhw a'u prynu."

Fel llawfeddyg sy'n archwilio claf, mae Peter yn edrych ar ei ddyn sinsir am eiliad ac yna, yn fanwl a thaclus, mae'n tynnu botwm o'i fola a'i roi yn ei geg. Mae ei fwynhad yn amlwg, wedi'i grisialu yn yr ennyd cyn iddo ddarfod a diflannu am byth.

"Ond dyma'r peth," meddai, wrth ailafael ynddi, "unwaith rwyt ti'n mynd i fewn i fy meddwl i ac yn dechrau chwilota o gwmpas, be weli di fydd y siop siafins yn y cefn, y blerwch a'r llanast, o dan haenau o we pry cop. Mae angen i rywun fynd drwy'r anialwch. Nwyddau diwerth ydyn nhw, 'sdi."

Dyw Peter ddim yn chwilio am gydymdeimlad; mae'n mynd mas o'i ffordd i osgoi tosturi. Y cyfan mae'n ei wneud yw ceisio egluro sut beth yw byw gyda dementia. Dyw e ddim yn disgwyl i fi ddweud wrtho y bydd popeth yn iawn oherwydd, yn amlwg, fydd popeth ddim yn iawn, a dwi ddim yn mynd i'w dwyllo drwy gynnig cysur neu eiriau gwag.

Ac felly, ar y diwrnod di-nod hwn, rydyn ni'n eistedd, Peter a fi, dau ffrind mewn swigen gyfforddus o gwmnïaeth, yn gwneud dim ond bodoli, byw yn yr ennyd fel y mae wedi fy nysgu i'w wneud. Heblaw am feddwl am hyfforddi ar gyfer yr her a thrafod lleoedd i seiclo iddynt, does dim byd penodol i'w ddweud a dyw hynny ddim o bwys. Dwi'n teimlo'n ddiogel, mewn dwylo da, gan wybod y bydd Peter yn meddwl am daith i ni ymarfer, ac y bydd yn gofalu amdana i a'r beic (yn y drefn honno, yn ddelfrydol, ond nid o reidrwydd, o gofio faint o feddwl sydd gan Peter o feics). Dwi'n teimlo'n ddiogel yng nghwmni Peter.

Mae'r ennyd o dangnefedd yn chwalu wrth i ddyn ar y bwrdd agosaf bwyso drosodd a tharo braich Peter.

"Peter! Mae'n dda dy weld di eto."

"A ti, 'rhen gyfaill,' atebodd Peter. Mae gwên fawr yn ymledu ar draws ei wyneb ar unwaith.

"Mae hi wedi bod yn amser hir!"

"Rhy hir," meddai Peter.

"Sut wyt ti?"

"Gwych, perffaith. Erioed yn well."

Mae sgwrs hir yn dilyn gyda Peter yn ymateb yn gyson ac yn frwdfrydig.

"Pwy oedd e?" dwi'n gofyn, ar ôl i'r dyn adael.

"Wsti be'?" meddai Peter. "Does gen i ddim affliw o syniad." Ac yn sydyn, hyd yn oed wrth i ni chwerthin, dwi'n ei gweld hi, rhyw eiliad o dristwch sy'n diflannu cyn iddi ymddangos bron iawn. Eiliad na fydd ei gynulleidfa yn sylwi arni, wrth i wên lydan gymryd ei lle: Peter y Perfformiwr ar ei orau.

PETER

(v)

HYBU YMWYBYDDIAETH

Roedd yn anhygoel. Fyddwn i ddim wedi dweud 'mod i wedi dod yn enwog, dim byd tebyg, ond roeddwn i'n sicr yn dod yn fwy adnabyddus yn Suffolk. Roedd y ffaith i fi dreulio llawer o amser yn reidio Penny, a chreu cyffro mewn trefi bach o gwmpas Suffolk, yn rhannol gyfrifol am hynny. Doeddwn i ddim yn meddwl y byddai 'na lawer o ddynion eraill efo diagnosis o ddementia yn seiclo o gwmpas am filltiroedd ar feic peni-ffardding. A dweud y gwir, mi fyddwn i'n tyngu nad oedd 'na!

Ond y peth arall a ddechreuodd fynd o nerth i nerth oedd fy fideos ar Facebook. Mi oedd mwy a mwy o bobl yn fy nilyn i, gyda'r diweddariadau wythnosol yn cael eu gwylio nid yn unig ym Mhrydain ond mor bell i ffwrdd ag India, America a Seland Newydd. Llwythodd Kate nhw i gyd ar YouTube hefyd a ches ar ddeall fod llawer o bobl – dros chwe chant – wedi tanysgrifio i'm sianel YouTube. Roedd hi'n ymddangos fel pe bai pobl wir eisiau clywed beth oedd gen i i'w ddweud. Ac ar ôl byw efo Teresa a Kate am yr holl flynyddoedd, roedd y syniad yna'n un diarth ac yn sicr yn un i'w werthfawrogi!

Mi ddaeth llawer o sefydliadau dementia yn Suffolk i gysylltiad hefyd, pob un ohonyn nhw'n ceisio hybu'r agenda dementia, ond fel y gwelsom ni wrth gael y diagnosis gyntaf, doedd llawer o'u gweithgareddau ddim yn addas iawn i ni. Ond roeddwn i'n falch fod pethau'n symud ymlaen i bobl eraill, os nad i fi, yn hynny o beth.

P'un bynnag, o ganlyniad i'r cyhoeddusrwydd cynyddol hwn, dyma fi'n dechrau derbyn gwahoddiadau i roi cyflwyniadau byr am fyw efo dementia i sefydliadau perthnasol a gweithwyr cymdeithasol.

Er yn fwy na pharod i wneud hyn, dydw i ddim wir yn cofio'r bobl roeddwn i'n siarad efo nhw rŵan. Dwi wedi dibynnu ar Deb i brocio fy nghof wrth iddi ysgrifennu fy hanes.

Un diwrnod, mi wnaethon ni seiclo i Thorpeness i siarad efo criw o bobl o sefydliad o'r enw PROBUS. Cyfarfodydd oedden nhw ar gyfer dynion busnes lleol a oedd wedi ymddeol. Fe fydden nhw'n cwrdd i gael swper ac yna'n cael eu 'diddanu' gan siaradwr gwadd ar ôl y pryd. Roeddwn i'n hapus i fynychu – pwy ddywedodd nad oedd y fath beth â chinio am ddim?!

Mi wnes i seiclo yno ar Penny, ac aeth Deb ar ei beic ffordd. Dyma eistedd a bwyta cinio, cyn i fi siarad am tua hanner awr. Mi wnaeth Deb fy sicrhau i nad oedd neb wedi mynd i gysgu, a 'mod i wedi cael cryn gymeradwyaeth pan wnes i orffen siarad. Mae'n debyg bod siarad am ddementia efo grŵp o bobl hŷn wedi taro rhyw dant. Un o'r cwestiynau oedd, 'Sut ydych chi'n gwybod bod dementia arnoch chi?' Roedd hwn yn gwestiwn cyffredin, ar y cyfan oherwydd bod pobl yn poeni'n fawr mai dyma'r llwybr oedd o'u blaenau nhw. Roeddwn i'n hapus i egluro nad mater o anghofio pethau dros dro oedd dementia, ond cwmwl mawr o ddryswch a oedd yn gwasgu'r ymennydd a gwneud i rai pethau ddiflannu'n barhaol o'ch cof.

Mi wnes i esbonio bod dementia yn rhywbeth a oedd yn newid eich agwedd at fywyd yn llwyr. I fi, roedd fy myd i efo dementia yn llawer llai. Yn y dyddiau cyn dementia, a oedd yn perthyn i'r gorffennol pell erbyn hyn, pan oeddwn i'n arfer siarad efo pobl, pan oeddwn i'n arfer cael sgyrsiau call efo nhw am faterion cyfoes neu raglenni teledu neu faterion cymdeithasol, roedd yn teimlo fel bod y sgyrsiau hyn wedi'u paentio ar dirwedd eang mewn lliwiau bendigedig. Rŵan, efo fy myd i'n crebachu, roedd y dirwedd eang honno'n teimlo fel pe bai'n ddim mwy na chilcyn bach o dir. Roedd y lliwiau llachar wedi pylu i sepia, a'r byd roeddwn i'n byw ynddo bellach yn ddi-fflach ac yn ddi-liw. Doeddwn i ddim yn gallu gwylio'r teledu na darllen llyfr na gwrando ar y radio. Roedd fy myd i'n crebachu'n gyflymach nag y gallwn i ei ddychmygu.

Mi wnes i egluro bod dementia yn golygu, pan oeddwn i'n cael fy ysgogi, pan oedd yn rhaid i fi drio'n galed i fod yn 'normal', bod fy ymennydd yn ffrwydro fel tân gwyllt anhygoel, yn un sbloets o liwiau, cyn troi'n sydyn i fod yn ffon wreichion drist, yn disgleirio am eiliad cyn pylu a diffodd. Roeddwn i wrth fy modd efo'r dyddiau pan oedd fy myd yn llawn lliw, ond erbyn min nos, roeddwn i wedi blino'n lân, ond yn gafael yn dynn yn y ffon wreichion bŵl tan y funud olaf am nad oeddwn i eisiau iddi ddiffodd. Byth.

Mi wnes i egluro bod y rhai ohonon ni sy'n byw efo'r cyflwr yn cael ein gorfodi i adeiladu ein llochesi ein hunain rhag storm dementia, y storm a oedd yn agosáu bob dydd, a chithau'n gwybod ei bod hi'n dod, y storm a fyddai'n eich llorio chi maes o law. Roedden ni'n adeiladu ein llochesi ein hunain oherwydd na wyddai neb arall pa mor gadarn oedd angen iddyn nhw fod. Ac mi fydden ni'n 'mochel yn y llochesi hynny fel anifeiliaid clwyfedig pan fyddai cymylau'r storm yn hel, a dim ond yn mentro allan pan fyddai'r haul yn taflu ei belydrau unwaith eto.

Mi wnes i esbonio fod dementia yn golygu gorfod cerdded ar lwybr dementia cul, creigiog, tywyll, a gorfod canolbwyntio 110% ar beidio â baglu, achos unwaith y byddwn i'n baglu, roeddwn i'n ofni na fyddwn i'n gallu codi'n ôl ar fy nhraed.

Dyna oedd byd dementia i fi. Doed a ddêl.

Roedd y sgyrsiau yma'n gyfle gwych felly i esbonio i bobl sut beth oedd fy myd i, mynd efo nhw yno ond yna eu rhyddhau yn ôl i'w byd eu hunain. Fyddwn i ddim eisiau iddyn nhw aros yn barhaol mewn lle mor dywyll. Ond roedd y sgyrsiau hefyd yn gyfle i ddangos fy meic peni-ffardding ac esbonio'r her, a daeth hynny'n ffordd o greu cyhoeddusrwydd.

Sgwrs arall oedd un i grŵp o weithwyr cymdeithasol a oedd yn gweithio efo pobl sy'n byw efo dementia. Unwaith eto, mae'n rhaid i fi ddibynnu ar yr hyn y mae Deb wedi'i ddweud, ond mae'n debyg bod fy ngeiriau wedi swyno'r gynulleidfa gyfan. Dydw i ddim yn arbenigwr yn y maes. Dydw i ddim yn pwyso ar ffeithiau, ffigurau a damcaniaethau. Dim ond ei dweud hi fel y mae. Roeddwn i'n gwybod mai fy nementia i oedd fy nementia i, a bod dementia pawb a siwrnai pawb yn unigryw iddyn nhw, ond roedd angen i bobl a oedd yn gweithio yn y proffesiynau gofalu neu rolau cymorth neu weithwyr cymdeithasol glywed beth fydden ni ei eisiau pan fyddai'r amser yn dod. Roedd yn bwysig bod eraill yn ein cofio ni fel pobl oedd wedi byw, caru, chwerthin a chrio, pobl efo diddordebau, angerdd, ofnau a phleserau.

Oherwydd bod fy ngallu i ddarllen ac ysgrifennu wedi diflannu i bob pwrpas, doeddwn i byth yn paratoi fy areithiau, dim ond codi ar fy nhraed a siarad. Dwi'n siŵr 'mod i'n ailadrodd fy hun weithiau, ond ar y cyfan roeddwn i'n cynnal y llif geiriau am hanner awr, ac yn ysgogi chwerthiniad neu ddau 'run pryd – wn i ddim sut.

Roedd Deb yn arfer dweud na wyddai hi chwaith sut roeddwn i'n ei wneud o, ond doedd gen i ddim dewis: dyna'r unig ffordd y gallwn i ei wneud. Unwaith, efo'r Alzheimer's Society dwi'n credu, dyma nhw'n creu rhestr o bethau roedden nhw eisiau i fi eu dweud, ond allwn i byth â gwneud hynny. Doedd dim gobaith i fi gofio rhestr o bwyntiau. Mi wnes i roi'r rhestr yn ôl iddyn nhw'n gwrtais iawn, a bwrw ati i adrodd fy llith fy hun. Dwi'n credu i fi gael cymeradwyaeth fyddarol, ac nad oedd cadair wag yn y babell lle'r oeddwn i'n areithio.

Roeddwn i'n arfer gwneud hyn yn The Alzheimer's Show yn Llundain hefyd. Dwi'n cofio Angela Rippon yn fy nghyfweld i, finnau'n eistedd a siarad heb unrhyw fath o nodiadau i helpu. Roedd Angela yn berson hyfryd i sgwrsio efo hi; roeddwn i'n cael yr argraff ei bod hi'n deall a dyna fo. Mae'n bechod nad oes gen i unrhyw atgof clir o hyn, heblaw am yr un niwlog, anghyflawn sy'n llechu yn y coridor rhwng fy atgofion tymor byr a fy atgofion tymor hir, sy'n ceisio penderfynu a ddylai wthio ei ffordd i'r ystafell tymor hir neu ddiflannu o dan annibendod afreolus yr holl atgofion eraill yn yr ystafell tymor byr. Dwi'n falch o ddweud bod Angela yn dal i loetran sydd, unwaith eto, yn beth eithaf hyfryd i allu ei ddweud!

Fel i mi sôn, yr unig broblem am wneud areithiau fel hyn oedd na wyddwn i byth beth oeddwn i wedi'i ddweud; doedd dim modd i fi byth lunio barn a oedd hi'n araith dda ai peidio. A bod yn gwbl onest, unwaith roeddwn i wedi cwblhau un frawddeg a dechrau ar y frawddeg nesaf, mi fyddai'r frawddeg gyntaf yn pylu. Roedd yn union fel pe bai fy ngeiriau wedi'u hysgrifennu mewn tywod, a'r môr yn eu golchi i ffwrdd yn rhy gyflym. Pan wnes i gyfarfod Deb a hithau'n dechrau cadw nodiadau o'r pethau roeddwn i'n eu dweud, roeddwn i'n teimlo'n dawel fy meddwl bod cofnod o 'ngeiriau i bellach. Roedd yn bwysig i fi nad oedd fy ngeiriau i'n mynd ar goll, bod rhywun yn eu rhoi ar gof a chadw. Pan fyddai hi'n eu darllen nhw 'nôl i fi, roeddwn i'n arfer meddwl, *Ew, fi ddeudodd hynna?! Am farddonol!* Roedd hi'n gysur bod cofnod o'r geiriau hyn, ond roedd cael atgof y tu allan i 'mhen i'n beth rhyfedd! Roedd fy meddyliau'n diflannu'n llawer rhy sydyn, ond roedd Deb yn dal gafael arnyn nhw ar fy rhan i, bob amser, ac roedd hynna'n deimlad rhyfedd. Weithiau, roeddwn i'n cael y teimlad fod Deb yn treulio mwy o amser yn fy myd i nag oeddwn i fy hun.

Ar ôl pob sgwrs, mi fyddwn i'n gofyn i Deb sut oedd pethau wedi mynd, oherwydd roedd gen i ddiddordeb go iawn cael gwybod beth oeddwn i wedi'i ddweud prin awr ynghynt.

Er 'mod i'n mwynhau rhoi cyflwyniadau a siarad yn onest am fyw efo dementia, roedd yn tanlinellu braidd fy *'mod* i'n byw efo'r cyflwr angheuol hwn. Weithiau, roedden ni'n gadael rhyw neuadd ac yn seiclo adra, ac mi fyddwn i'n dweud wrth Deb 'mod i'n gallu teimlo'r anghenfil dementia yn fy ngwthio o'r cefn, er mwyn f'atgoffa ei fod yno y tu ôl i fi. Roedd cysgodion dementia yn teimlo'n hir ac yn dywyll ar ôl diwrnod golau. Ac mi oedd y dyddiau yma'n rhai golau; roeddwn i wrth fy modd yn sbarduno'r ymennydd ac yn canolbwyntio ar siarad efo pobl. Ond meddwl araf oedd meddwl blinedig, ac roeddwn i bob amser yn gobeithio y byddai yfory yn braf ac yn glir, ac y byddai cysgodion dementia yn fyr ac yn olau.

Pan fyddwn i'n eistedd i lawr ar ddiwedd y dydd, a cheisio cofio rhai o'r pethau roeddwn i wedi'u gwneud – unrhyw beth roeddwn i wedi'i wneud – roeddwn i'n sylweddoli mai dim ond lle gwag oedd yno yn lle'r atgofion, bod y coridor oedd yn ymestyn o 'mlaen i'n culhau rhyw fymryn a 'mod innau'n ei chael hi'n anoddach gwasgu drwy'r bwlch. Roeddwn i'n dechrau teimlo ychydig bach yn fwy ofnus.

DEB

(vi)

OFN YN Y CORIDOR CUL

Heddiw, mae Peter wedi cyflwyno un o'i sgyrsiau anhygoel i grŵp o weithwyr cymdeithasol. Dwi'n eistedd ac yn edrych arnyn nhw wrth iddo siarad; maen nhw'n gwrando'n astud, wedi'u cyfareddu gan ei allu rhyfeddol i adrodd stori. Dyw Peter ddim yn dal yn ôl ond mae hefyd yn siarad â hiwmor a chynhesrwydd. Er 'mod i'n gyfarwydd â rhai o'r pethau mae'n eu dweud, dwi wrth fy modd yn gwrando arno a gwylio wynebau pobl eraill wrth iddyn nhw ei glywed yn datod pelen wlân ei ddementia gan ddadlennu rhai o'r atebion syml i gyflwr cymhleth.

Pan fydd yn annerch, mae Peter wedi sôn wrtha i ei fod yn teimlo fel perfformiwr.

"Dwi'n gafael yn llaw pob un o'r gynulleidfa, a'u harwain i fyd dementia. Dwi'n rhoi taith fer iddyn nhw o'r lle fel eu bod nhw'n cael blas o 'mywyd i ac yn cael teimlo a deall fy nghyflwr. Dydw i ddim eisiau codi braw arnyn nhw; y cyfan dwi eisiau ei wneud ydy rhoi'r cyfle iddyn nhw gael cipolwg."

Mae'n teimlo mai dyna mae'n ei wneud heddiw. Mae'n dwyn perswâd, mae'n ddiymhongar, yn ffraeth ac yn llawn pathos. Mae ei sgwrs yn fywiog ac yn llawn disgrifiadau, mae'n siarad o'r galon yn hytrach nag o'r meddwl, a dwi'n gallu ei weld yn mynd â'r gynulleidfa, un ar ôl y llall, y tu ôl i len ddiogelwch y llwyfan ac i'r byd y mae e'n byw ynddo. Dyw hyn ddim yn digwydd mewn ffordd angharedig – ddim o bell ffordd. Mae Peter yn estyn ei law at bob person yn y gynulleidfa, nes eu bod nhw'n derbyn yn araf bach, ac yna mae'n gwenu wrth eu tywys o gwmpas. Mae'n rhoi eiliad iddyn nhw sefyll yn ei esgidiau, ac yna, yn garedig, mae'n eu hebrwng yn ôl i ddiogelwch eu byd di-ddementia.

"Wedi'r cyfan, pwy fyddai eisiau byw'n barhaol yn fy hen fyd blêr i?" meddai. "Pwy fyddai eisiau gweld tudalennau tywyll fy myd i a finnau'n gallu dangos y clawr lliwgar iddyn nhw? Does dim angen iddyn nhw weld beth sydd y tu mewn i'r clawr, oes 'na? Pam ddylwn i fod yn eu dychryn nhw?! Na, cipolwg yw'r cyfan sydd ei angen arnyn nhw."

Wrth i ni seiclo tua thre, mae'n gofyn sut aeth y sgwrs, nid oherwydd rhyw ansicrwydd nac oherwydd bod arno angen cysur neu ganmoliaeth, ond yn syml oherwydd nad yw'n gallu cofio beth ddywedodd e.

Mae fy ymateb i'n dod o'r galon. "Gwych. Rwyt ti'n siaradwr cyhoeddus mor naturiol. Er ei fod yn bwnc mor ddifrifol, fe wnest ti ddod â'r cyfan yn fyw, roedd pawb yn gwenu a thithau'n chwerthin gyda phawb."

Yn hytrach na'i ymateb gwamal arferol, dyma Peter yn fy synnu drwy ddweud, "Sioe ydy'r cyfan, 'sdi. Os wyt ti'n gwenu ar bobl, mae'n arwydd y maen nhw'n ei nabod, maen nhw'n deall beth mae hynny'n ei feddwl ac yn ymateb, ond dwi'n ei chael hi'n anodd gwenu weithiau. Weithiau mae gwenu'n gymaint o ymdrech, yn gymaint o dwyll." Mae'n oedi. Dwi'n gwybod ei fod eisiau dweud rhywbeth nad ydw i eisiau ei glywed, mwy na thebyg.

"Dwi reit ofnus, 'sdi."

A dyna fe. Wedi'i osod allan o fy mlaen fel ffowlyn wedi'i hollti, y perfedd annymunol i'w weld yn gwneud i fi wingo a throi i ffwrdd, yr arogl sur afiach bron â chodi cyfog arna i. Dydw i ddim eisiau gwybod bod fy ffrind, y dyn sy'n wynebu'r byd gyda tharian orchestol o flaen ei gorff, a chleddyf cadarn i frwydro yn erbyn ymdrechion gwaethaf dementia, yn ofnus. Y dyn â'i draed ar y pedalau dwi eisiau, Pete fy nghyfaill seiclo. Dydw i ddim eisiau i realiti creulon roi pigyn yn swigen ein cyfeillgarwch. Mae'n teimlo fy 'mod i'n gyrru allan o reolaeth tuag at rywbeth annymunol ar ganol y ffordd, heb unrhyw obaith o'i osgoi. Mae rhywbeth pwdr yn mynd i dasgu dros olwynion fy meic (perfedd ffowlyn, efallai) ac mae'n mynd i gymryd sbel i'w glanhau nhw.

Mae Peter yn ymhelaethu, "Dwi'n teimlo fel taswn i'n byw mewn coridor cul sy'n mynd yn llai ac yn llai yn ara' bach. Dwi'n cerdded drwy'r coridor ond mae hi'n anoddach symud bob dydd. A rŵan yr unig ffordd i symud ymlaen yw drwy fynd efo'm hysgwydd yn gyntaf, gwthio fy ffordd drwodd. Mae'n teimlo fel nad oes 'na ddigon o le i fi. Dwi'n mynd yn sownd; dwi'n gaeth mewn lle bach. Ac mae gen i ofn beth sy'n mynd i ddigwydd i fi, y dyn dwi'n mynd i fod. Wedyn dwi'n poeni weithiau na fydda i'n cofio'r dyn oeddwn i'n arfer bod."

Dwi'n dal ati'n benderfynol i bedlo'n gyson – cael a chael yw hi 'mod i'n gallu dala lan gyda Peter – gan reidio drwy gefn gwlad, y caeau had rêp melyn yn gefndir llachar rhyfeddol i sgwrs sy'n mynd yn fwyfwy tywyll bob eiliad.

"Ond dyma'r peth, mêt. Dwi ddim yn mynd i adael i'r bali dementia 'ma ennill; dwi ddim am adael iddo fo'n rheoli i. Dwi wedi troi'n ymladdwr a dwi'n mynd i ddal ati i ymladd. Efallai 'mod i'n sownd yn sach dywyll dementia, ond dwi'n mynd i gicio a dyrnu a gwneud tyllau ynddi hi i'r golau gael dod i mewn. Wsti be', mae'r rhan fwyaf o bobl yn cerdded at y golau yn eu bywydau, ond mae pobl efo'r cyflwr yma'n cerdded oddi wrtho fo. Dyma ydy 'nghynllun i: pan fydd yn rhaid i fi, dwi'n mynd i gerdded am yn ôl fel 'mod i'n dal i allu gweld y golau."

Dwi'n edrych lan arno fe, Peter ar ei feic peni-ffardding, yn canolbwyntio ar y ffordd o'n blaenau, yn rhagweld unrhyw fryniau neu gyffyrdd er mwyn gallu cymryd camau priodol.

Ac yna, o'i orsedd fry, mae'n edrych i lawr arna i ac yn dweud yn bur ddifrifol, "Oeddet ti'n gwybod fod gen ti ddau gudyn o wallt yn sticio allan drwy dop dy helmed di? Mi wyt ti'n edrych fel y gŵr drwg ar gefn beic." Ac mae e'n chwerthin, ac mae'n rhaid i fi chwerthin, oherwydd mae asbri byw Peter yn heintus. Ac mae unrhyw dosturi neu dristwch dwi'n eu teimlo yn cael eu cipio gan y gwynt yn awyr iach Suffolk wrth i Peter, y perfformiwr, yr ymladdwr, fy ffrind, unwaith eto wneud yr hyn mae'n ei wneud orau: codi dau fys ar ddementia.

PENNOD
PEDWAR

(i)

DAMWAIN CAR

Mae Peter yn eistedd yng nghefn y car wrth i ni yrru adref o ddigwyddiad a oedd yn cael ei gynnal gan glwb pêl-droed Ipswich Town. Maen nhw'n ceisio gwneud y clwb yn ddementia-gyfeillgar ac, fel rhan o'r ymgyrch i hybu ymwybyddiaeth, maen nhw wedi gofyn i Peter fynychu gêm a rhoi adborth am ei brofiad. Dyw Peter erioed wedi bod yn gwylio gêm a dyw e ddim yn arbennig o hoff o bêl-droed, ond mae'n ymgais wych gan Ipswich i hybu ymwybyddiaeth. Dwi a Martin yn gefnogwyr pêl-droed brwd, felly rydyn ni'n ddigon hapus i gadw cwmni iddo fe.

Mae'r gêm wedi bod yn arswydus o wael a dyma un achlysur pan fydd cof gwael Peter o fantais. Mae'n debyg bod 20,000 o bobl eraill yn y stadiwm heddiw, ac fe fyddai chwa sydyn o ddementia efallai wedi bod yn fendith iddyn nhw!

Felly dyna lle'r oedden ni, yn y car ar ein ffordd adref, Martin yn y tu blaen gyda fi, a Peter yn y cefn. Wrth i ni nesáu at gylchfan ar briffordd, mae car yn hyrddio i mewn i gefn ein car ni. Rydyn ni'n clywed sŵn ofnadwy metel yn crensian ar fetel, yr ysgytwad corfforol wrth i injan y car ddiffodd ac yna'r ymateb lleisiol emosiynol, "O mam bach!"

Mae'r difrod i'r car yn sylweddol (a dweud y gwir, y penderfyniad maes o law yw nad yw e werth ei atgyweirio), ond mae Peter, o'r sedd gefn, yn mynnu ei fod e'n iawn. Rydyn ni'n mynd ag e adref heb sôn fwy am y peth.

Yn ddiweddarach y noson honno, mae Teresa yn tecstio i ddweud bod gan Peter gric yn ei war ond nad oedd e wedi sôn am nad oedd e eisiau fy nghynhyrfu i neu wneud i fi boeni. Ond dwi yn poeni a dwi'n meddwl amdano fe am weddill y noson.

Drannoeth, pan dwi'n anfon llun ato o'r difrod i'r car, ei ymateb yw gofyn os ydw i cael damwain. Dwi'n synnu, er nad ydw i'n gwybod pam, oherwydd dwi'n gwybod ac yn deall bod gan Peter broblemau cof. Ond mae'n debyg bod anghofio rhywbeth mor gorfforol, dirdynnol a brawychus â damwain car yn siarad cyfrolau am ddementia Peter, a dwi'n gadael i fi fy hun eistedd a theimlo'n drist am ddiwrnod neu ddau, yn meddwl am ymennydd Peter a sut brofiad fyddai colli'r gallu i greu atgofion newydd, rhai da a drwg.

Ychydig yn ddiweddarach, pan dwi'n postio llun o'r difrod i'r car ar y cyfryngau cymdeithasol, mae'n amlwg bod Peter wedi anghofio'n llwyr am y ddamwain. Does dim awgrym o eironi na choegni yn ei sylw, 'edrych yn ddrwg, gobeithio nad oes neb wedi brifo'. Mae'r digwyddiad sydd, i Martin ac i fi, yn dal mor gignoeth a byw, wedi cael ei ddileu'n llwyr o gof Peter. Ac er bod hyn yn creu ennyd o eglurder clir fel crisial i fi nad oes gan Peter unrhyw atgof o'r digwyddiad hwn, mae hefyd yn creu cyfyng-gyngor moesol. Beth yw'r ffordd orau i ymateb? Mae'n debyg bod y benbleth hon yn crynhoi un o'r agweddau mwyaf heriol ar ddementia: ydych chi'n gwrando'n amyneddgar ar yr un straeon drosodd a throsodd? Ydych chi'n torri ar draws a dweud, dwi'n gwybod? Ydych chi'n esgus mai dyma'r tro cyntaf i chi glywed y stori? Neu, yn yr achos hwn, ydych chi'n adrodd y stori'n amyneddgar fel pe bai'r gwrandäwr yn ei chlywed am y tro cyntaf? Fyddai dyn fel Peter yn gwybod eich bod chi'n gwneud hyn ac yn teimlo ei fod yn cael ei sarhau?

Dwi'n ymateb ar Facebook ein bod ni i gyd yn iawn ac yna rydyn ni'n cyfarfod yn ddiweddarach y diwrnod hwnnw a dwi'n sôn am y ddamwain eto, i wneud yn siŵr fod ei wddf yn iawn.

Unwaith eto, dyw Peter ddim yn cofio dim am y ddamwain, felly unwaith eto, dwi'n dechrau dweud y stori fel pe bai'n ei chlywed am y tro cyntaf. Mae'r cyfan yn peri i fi feddwl. Efallai nad ydw i wir yn deall pa mor gymhleth yw dementia Peter; efallai 'mod i'n rhy ddidaro o ran faint mae'n ei gofio. Efallai 'mod i'n twyllo fy hun, ac am ei fod yn rhoi'r argraff o fod yn 'normal', ei fod yn cofio go iawn.

Dwi'n flin â fi'n hun am y naïfrwydd hyn, a dwi'n treulio peth amser yn ailasesu'r hyn dwi'n ei wybod am Peter a sut mae byw gyda dementia yn her gyson.

Dwi'n meddwl unwaith eto sut beth yw cael pob dydd, pob awr, pob munud, pob eiliad wedi'u sychu'n lân o'r cof, fel athro ysgol brwd yn glanhau'r bwrdd du fel peth gwyllt? Dwi'n ystyried sut mae Peter yn goroesi, yn cael ei orfodi i fyw oddi ar atgofion ei orffennol, i orfod dibynnu ar ddigwyddiadau sawl blwyddyn yn ôl i'w gynnal, yn hytrach na gallu gwerthfawrogi'r atgofion newydd sy'n maethu ac yn cynnal y rhai heb broblemau cof.

Mae Peter yn aml yn dweud, "Dwi'n cofio efo emosiynau a theimladau," ac, ar wahân i'r digwyddiadau sydd wedi'u serio ar ei gof, ychydig iawn o atgofion newydd sy'n cael eu creu.

Os mai dim ond atgofion deng mlynedd yn ôl fyddai gen i i'm cynnal, dwi'n credu y byddwn yn gwywo'n ddim o beth, a daw'r sylweddoliad fel taranfollt, mai dyna sut beth yw byw bywyd Peter. Ond pe na bai atgofion ychydig funudau yn ôl gen i hyd yn oed, fe fyddwn i wir yn llwgu. Dim ond hen atgofion sydd ganddo fe; mae'r drysau i'w gof wedi cau yn dynn, a does dim byd arall yn cael mynd i mewn. Yn araf, yn araf iawn, dwi'n ofni bod fy ffrind yn llwgu.

PETER

(ii)

TRWYDDED YRRU

Roedden nhw wedi cymryd fy nhrwydded yrru oddi arna i bellach. Efallai bod hynny ddim yn swnio'n beth mawr, ond ychwanegwch y siom ddiweddaraf ar ben yr holl bethau eraill mae dementia wedi'u dwyn oddi arna i, ac mae'n bosib y gwelwch chi ergyd mor drom oedd hi.

Dychmygwch y rhyddid sydd gennych chi yn eich bywyd: mi allwch chi neidio i mewn i'ch car, gyrru i le bynnag mynnwch chi, mi allwch chi weithio, mynd adra a thrafod eich diwrnod efo'ch partner. Yna dychmygwch fod rhywun yn mynd â siswrn at grys eich rhyddid ac yn ei docio fel ei fod yn llai ac yn fwy tynn, a bod yn rhaid i chi dynnu arno'n galetach er mwyn iddo'ch gorchuddio chi ond eich bod eisoes yn teimlo'r oerfel lle mae'r defnydd wedi diflannu a'ch croen yn ddiamddiffyn; dyna ddigwyddodd pan wnaeth y DVLA fynd â'r drwydded oddi arna i. Cyn dementia, pan fyddwn i'n cyrraedd adra ar ôl diwrnod o waith, mi fyddwn i a Teresa o hyd yn trafod fy niwrnod, efo pwy fues i'n siarad, pwy wnes i ei weld, sgwrs 'nôl a mlaen sy'n gyffredin i'r rhan fwyaf o oedolion a chyplau ar hyd a lled y wlad. Flwyddyn neu ddwy ar ôl y diagnosis, pan oedd fy nghof i'n dirywio, mi fyddai Teresa yn dod adra ac yn gofyn beth oeddwn i wedi bod yn ei wneud, ac mi fyddwn i'n gallu dweud wrthi, fwy neu lai. Wedyn mi ddaeth yn amlwg nad oeddwn i wir yn gallu cofio sut ddiwrnod ges i, felly roedd Teresa'n arfer dweud, "Gest ti ddiwrnod da?" a finnau'n dweud 'mod i wedi, achos mi fyddwn i ar y cyfan os oeddwn i wedi bod yn seiclo, a dyna oedd ein sgwrs ni. A rŵan nad oeddwn i'n cael gyrru, dyna'r cerpyn olaf o ryddid wedi'i gymryd oddi arna i. Roedd fy myd yn crebachu mor gyflym â'r gallu i gynnal sgwrs gall. Felly roedd y seiclo wedi mynd yn gymaint mwy na dim ond seiclo. Dyma oedd y rhyddid newydd, fy unig ryddid a chyfle i fod yn annibynnol. Gyda phob tro o'r pedalau, mi fyddwn i'n seiclo i ffwrdd o ddementia tuag at y dyn oeddwn i cynt, nid y dyn roeddwn i'n prysur newid i fod.

Roedd seiclo ar fy meic peni-ffardding yn cyflawni hyn i gyd a mwy. Roedd yn gymaint o her, yn gorfforol ac yn feddyliol. Beic olwyn sefydlog ydy'r peni-ffardding, heb gêr na brêc, a hynny'n golygu gorfod rhagweld bryniau, i fyny ac i lawr. Unwaith byddech chi'n dechrau dringo, roedd yn rhaid i chi fod yn berffaith siŵr eich bod chi'n gallu cyrraedd y top, neu gwympo oddi ar y beic. Yn yr un modd, wrth fynd i lawr bryn, roedd yn rhaid i fi wybod beth oedd ar y waelod y bryn gan fod angen amser i bedlo am yn ôl er mwyn arafu, a bod digon o amser wedyn i neidio i ffwrdd. Roeddwn i wrth fy modd â'r ddwy agwedd hynny.

Mi wnaeth Deb a finnau sylweddoli, am bob cant o galorïau y byddai hi'n eu llosgi ar ei beic ffordd, 'mod i'n llosgi 200 o galorïau, felly mi oeddwn i o hyd yn llwglyd ac yn llyncu cacennau a sgons fel 'tae dim fory; ond roeddwn i'n dal i golli pwysau. Mi wnes i sylweddoli bod fy wyneb wedi mynd yn fain a bod angen cau fy melt dwll neu ddau yn dynnach. Ar ben hynny, roedd hyd yn oed gwisgo jîns yn ymdrech gan fod cyhyrau croth fy nghoesau i wedi tyfu i'r fath raddau!

Ond roeddwn i wrth fy modd efo'r sesiynau hyfforddi ac mi wnaethon ni gyfarfod â phobl fendigedig. Dwi'n cofio un achlysur yn Woodbridge; roedd Deb wedi taro i'r tŷ bach a finnau'n sefyll tu allan yn gafael yn ei helmed o fy mlaen i. Daeth dynes oedrannus ata i a gofyn faint o bres oeddwn i ei angen i brynu brechdan. Roeddwn i'n gwybod nad oedd dillad Lycra yn ofnadwy o ffasiynol, ond feddyliais i erioed eu bod nhw'n gwneud i fi edrych fel rhywun digartref!

"Dwi newydd golli cyfle," meddwn i wrth Deb pan ddaeth hi allan o'r tŷ bach. "Mi allwn i fod wedi gwneud ffortiwn!" Roedd y math yna o beth yn gwneud i ni'n dau chwerthin, o bosib y tu hwnt i bob rheswm, yn afresymol felly, ond roedd chwerthin yn beth mor wych i fi ei wneud. Dwi'n meddwl bod Deb wedi sylwi ar hyn, felly roedd chwerthin afresymol yn well na dim chwerthin. Neu ddagrau.

Mi fyddai Penny yn denu llawer o sylw pan oedden ni allan, a'r cwestiwn pennaf oedd, "Sut mae dringo ar ac oddi ar y beic?" Pan fyddai rhywun yn mynegi diddordeb, roeddwn i'n aml yn gorfod dangos iddyn nhw. Doedd dim ots gen i o gwbl. Dwi wrth fy modd yn siarad efo pobl, ac roeddwn i'n dechrau arfer efo'r sylw. Roedd Deb a minnau yn mwynhau gweld wynebau pobl wrth i ni seiclo heibio; roedd gweld ymateb llawen pobl yn fy ngwneud i'n hapus iawn.

Yn raddol, mi wnaethon ni gynyddu'r milltiroedd nes 'mod i'n teimlo'n hyderus y gallwn seiclo 50 milltir ar Penny. Y broblem nesaf oedd: fyddwn i'n gallu seiclo 50 milltir ar Penny am chwe diwrnod yn olynol?

Dyma ni'n penderfynu seiclo i Ipswich i ddod i arfer â seiclo ar ffyrdd prysurach. Roedden ni wedi stopio yn Woodbridge pan ruthrodd dynes efo camera draw a gofyn am gael tynnu lluniau.

Charmian oedd ei henw hi – mi fyddai'n datblygu'n gefnogwraig heb ei hail – ac roedd hi'n awyddus i dynnu digon o luniau ar ein cyfer ni. Wel, roedd y diwrnod y gwnaethon ni benderfynu dal trên i Lowestoft a seiclo adref yn gyfle gwych iddi ddangos ei brwdfrydedd! Daeth Charmian i orsaf Saxmundham am wyth y bore a theithio efo ni i Lowestoft, tynnu ychydig mwy o luniau a mynd adra, tra roedden ni'n seiclo yn ôl. Roedd ymroddiad a chefnogaeth o'r fath yn meddwl y byd i fi.

Yn y cyfamser, roedd Deb a finnau'n ceisio dod o hyd i'r ffordd yn ôl i Saxmundham ac, unwaith eto, yn denu llawer o sylw ac ymateb wrth i ni seiclo drwy amrywiol drefi.

Weithiau, mi fyddwn i a Deb yn mynd allan i ddilyn llwybr pendant, a phopeth yn mynd ar chwâl yn llwyr. Doeddwn i ddim yn siŵr a oedd dyn â dementia a dynes ychydig yn ecsentrig heb unrhyw synnwyr o gyfeiriad yn gyfuniad call i fod allan efo'i gilydd, ond wyddoch chi, roedden ni'n cyrraedd rhywle bob tro ac roedd y daith o hyd yn hwyl. Dyna oedd yn bwysig, a dweud y gwir. Bod allan, cael hwyl, byw yn yr ennyd.

"Does 'na ddim ots lle fyddwn ni'n cyrraedd," mi fyddwn i'n dweud wrth Deb. "Os ydyn ni'n bwriadu mynd i Framlingham ond yn cyrraedd Orford, ydy o'n bwysig? Mi allwn ni dal gael panad o goffi a chacen. Rydyn ni'n dal i symud ymlaen. Y daith sy'n bwysig a'r hyn rydyn ni'n ei wneud ohoni, nid ei phen draw hi."

Stopiodd y ddau ohonon ni i gnoi cil am y geiriau hynny. Heb hyd yn oed sylweddoli 'mod i wedi gwnaud hynny, roeddwn i wedi dweud rhywbeth eithaf dwys – yn ôl Deb, o leiaf!

DEB

(iii)

PEN Y DAITH YN HYSBYS, HYD Y DAITH YN DDIRGELWCH

Mae Peter yn dweud ei fod e'n teimlo ychydig yn 'niwlog' heddiw; mae'n edrych yn debyg fod yr anghenfil dementia yn benderfynol o daflu cysgod tywyll drosto a'i lethu.

"Ond dyma'r peth: dydy o ddim yn mynd i 'nhrechu i," meddai Peter. Mae'n sgwario o flaen yr anghenfil, yn edrych i fyw ei lygaid, yn gwthio bys i'w frest flonegog a'i wthio i lawr ar y soffa gartref.

A dyna lle mae'r anghenfil yn aros, yn gwgu'n ddiserch ac yn cicio'i sodlau. O, peidiwch â chamddeall, fe fydd e'n dal yno pan fydd Peter yn cyrraedd adref – mae Peter yn gwybod hynny ac mae'r anghenfil yn gwybod hynny a dwi'n dechrau deall hynny fwy a mwy – ond am y tro, mae'r grym gan Peter a fe sydd wrth y llyw.

"Mae angen i ni ymarfer," meddai Peter. "Wsti be'? Mi fydd yn rhaid i'r anghenfil dementia ddysgu ymdopi efo hynny. Fi ydy'r bos!"

Felly dyma ni eto, allan ar y ffordd, yn seiclo. Mae hi'n olygfa ryfeddol: y dyn hynod hwn, ar gefn beic 52 modfedd, ei goesau ar led wrth rasio i lawr y bryniau, ac yna'n gwthio fel lladd nadroedd wrth iddo ddringo yn ôl lan, ei wyneb yn mynd yn fwy a mwy coch, ei wddf yn hyrddio'n ôl ac ymlaen, fel ceiliog gorfywiog ar sbîd wrth iddo gywain ei nerth i gadw Penny i symud drwy gefn gwlad godidog Suffolk.

"I ble ydyn ni'n mynd?" dwi'n gofyn.

"Oes ots? Be' sy'n bwysig yw'n bod ni allan yn seiclo."

Mae ei eiriau yn taro tant, ac yn adleisio rhywbeth ddywedodd ychydig ddyddiau ynghynt, pan oedd yn un o'i hwyliau myfyriol.

"Mae dementia yn daith ryfedd," meddai. "Paid â'm camddeall i, dwi'n gwybod lle mae pen y daith, ond dydy'r ffordd yno ddim yn glir, a dydw i ddim yn gwybod faint o amser mae'n mynd i gymryd."

Mae'n iawn, wrth gwrs ei fod e, ac mae'r daith seiclo heddiw yn ymgorfforiad gweledol o'r datganiad hwnnw.

"Dyna pam mae'n rhaid i fi wneud popeth rŵan tra dwi'n gallu," meddai. "Felly does 'na ddim ots lle fyddwn ni'n cyrraedd, y peth pwysig ydy'n bod ni allan, yn seiclo. Os ydyn ni'n bwriadu mynd i Framlingham ond yn cyrraedd Orford, ydy o'n bwysig? Mynd allan a'i wneud o sy'n bwysig, nid pen y daith."

Ac mae ei eiriau'n fy nghyffwrdd i, fel sy'n digwydd yn aml. Nawr, efallai nad yw hynny'n amlwg yn syth, ond dwi'n gallu cymryd trosiad digon addas a'i ddefnyddio'n ddidrugaredd. Mae geiriau Peter am ei daith yn esgor ar drosiad seiclo gwych: tybed sut bydd gweddill ei daith yn datblygu, pa rwystrau fydd ar y ffordd, pa gerrig mân annisgwyl fydd ê'n eu hosgoi, pa dyllau y bydd yn gwyro o'u cwmpas, sawl gwaith fydd ê'n cael olwyn fflat? Tybed pa groesffordd fydd ê'n ei chyrraedd, i ba gyfeiriad y bydd yn troi, pa gyffyrdd fydd yn peri trafferth iddo fe? Ond dwi hefyd yn meddwl am y bryniau y bydd yn eu gorchfygu a'r milltiroedd lawer y bydd yn eu seiclo'n llwyddiannus.

Dwi'n dawel, wedi cael fy nal yn y ddrysfa o feddyliau yn fy mhen, ac mae Peter, yn ei ffordd reddfol, yn gwybod bod fy hwyliau wedi suddo. Mae'n dychwelyd i rôl y perfformiwr, yn codi llaw ar bobl, a chodi bawd ar bawb sy'n aros i edmygu Penny.

Mae rhywun yn pwyso allan o ffenest ei gar ac yn dweud wrth Peter, "Mi wyt ti wedi gwneud fy niwrnod i, mêt," a dwi'n edrych lan ar wyneb Peter i weld cymaint mae hynny'n ei blesio. Dyma ddyn sy'n ymbleseru ym mhob tro o'r pedalau, sy'n croesawu pob rhan o'i daith – gan gynnwys yr olwynion fflat a'r cerrig mân. Mae gwên lydan o bleser pur ar ei wyneb. Mae e'n iawn: y daith yw craidd y cyfan; y gwyriadau a'r eiliadau annisgwyl ar hyd y daith sy'n diffinio ei hansawdd, yn hytrach na'r gyrchfan ei hun. Dwi'n teimlo'n well ac yn gwenu, oherwydd mae gan Peter y ddawn yna o wneud i bobl o'i gwmpas wenu.

Ac unwaith eto, dwi'n profi'r cyfosodiad anhygoel hwnnw o dristwch dwys a llawenydd dibendraw, ac mae'n fy mwrw i, yn ddwfn yn fy enaid ac am eiliad – dim ond am eiliad – mae'n sugno pob rhuddin ohona i.

Wrth gwrs, mae'r anghenfil dementia gartref, lle mae Peter wedi ei adael – rydyn ni i gyd yn gwybod nad yw'n mynd i unman – ond am yr ychydig oriau hyn, mae Peter wedi ennill y dydd.

"Popeth yn iawn?" dwi'n gofyn.

"Popeth yn iawn. Perffaith, a dweud y gwir." Mae'n meddwl am eiliad ac yna'n rhannu un arall o wirebau Peter Berry: "Wsti be, mi fyddwn ni'n edrych yn ôl ar y dyddiau yma, ac un dydd, mi fyddwn ni'n dweud, yn doedden nhw'n ddyddiau da."

Dwi ddim yn meddwl ei fod e wedi sylwi ar y cryd y teimlais i wrth glywed ei eiriau, ond dwi'n gwybod dau beth: fydda i byth yn anghofio'r geiriau yna, a fydd Peter ddim yn cofio'r dyddiau yma.

PENNOD

PUMP

GAEAF 2018

PETER

(i)

THE RESTAURANT THAT MAKES MISTAKES

Gyda'r gwaith o gynllunio ar gyfer yr her ar y gweill, cysylltodd Channel 4 i ofyn a fyddwn i'n cymryd rhan yn eu rhaglen ddogfen, *The Restaurant That Makes Mistakes*.

Mae'n rhyfedd sut y daethon nhw o hyd i fi. Yn bennaf, dwi'n credu eu bod nhw eisiau cyfranogwyr o ardal Bryste, ond doedden nhw ddim yn gallu dod o hyd i ddigon o bobl a oedd yn barod i gymryd rhan neu'n addas yn eu tyb nhw i gymryd rhan. Drwy fy nhudalen Facebook y daethon nhw o hyd i fi!

Prosiect arloesol oedd hwn lle'r oedd 14 o wirfoddolwyr, i gyd yn byw efo gwahanol fathau o ddementia cynnar, yn staffio a rhedeg bwyty dros dro ym Mryste, dan arweiniad y cogydd Josh Eggleton. Roedd y prosiect yn gobeithio dangos bod gan bobl sy'n byw efo dementia rôl weithredol i'w chwarae ym myd gwaith o hyd a thrwy roi pwrpas i bobl mewn bywyd, y byddai eu hunan-werth yn cynyddu.

Roeddwn i'n fwy na pharod i fod yn rhan o arbrawf mor arloesol. Yr unig broblem oedd eu bod nhw'n ei ffilmio ym Mryste ac roedd y daith honno'n mynd i fod yn anodd iawn i Teresa a fi. Allwn i ddim mynd ar fy mhen fy hun, felly roedd yn rhaid i Teresa gytuno ar delerau i dreulio amser i ffwrdd o'r gwaith hefyd. Roedden ni'n iawn: roedd gwneud y daith bob wythnos yn waith caled, ac mi wnaeth ein blino ni'n lân. Ar ben hynny, er bod Channel 4 wedi bod yn wych a thalu i ni aros yn yr un gwesty bob tro, gan leihau ar unrhyw straen diangen i fi, doedd Bryste ddim yn adra ac roeddwn i'n teimlo wedi ymlâdd yn mynd yno. Roedd pethau a fyddai fymryn yn anghyfleus i bobl eraill, fel ffeindio'r ffordd ar hyd coridor gwesty i'r dderbynfa neu gofio ble roedd yr ystafell ymolchi yn ein hystafell, yn rhwystrau mawr i fi eu goresgyn.

Cyn i ni gael cymryd rhan yn y rhaglen, mi gawson ni i gyd ein hasesu gan seicolegydd. Mi wnaeth hi gyfres o brofion ar bawb i weld sut roedd ein dementia ni – ac roedd gan bawb wahanol fathau o ddementia a oedd yn amharu mewn ffyrdd gwahanol – ac roedd yn effeithio ar ein gallu i weithredu. Roedd gan rai, fel fi, broblemau colli cof tymor byr difrifol, roedd eraill wedi colli'r gallu i raffu mwy nag ychydig eiriau efo'i gilydd, gydag eraill wedyn wedi colli'r gallu sylfaenol i wneud y tasgau symlaf, fel torri nionod. Canlyniad hynny oedd bod pawb yn gallu gweithio fel tîm a defnyddio ein sgiliau fel unigolion i helpu ein gilydd. Roedd yn syniad gwych.

Roedd y seicolegydd hefyd eisiau barnu lefel ein hunan-werth cyn y prosiect, yn ystod y prosiect ac ar ôl i'r prosiect ddod i ben. Mi oedd gwylio'r penodau wedyn yn fy ngwneud i'n deimladwy iawn, nid dim ond gwylio fy hun ond gweld y lleill hefyd. Roedden ni wedi dod yn ffrindiau yn sydyn iawn, ac roedden ni i gyd yn cefnogi ein gilydd, felly roedd eu gweld nhw'n cael trafferth i wneud tasgau elfennol, fel cofio tri gair mewn trefn, yn anodd iawn i fi.

Yn fuan iawn, mi sylweddolodd y seicolegydd a oedd yn f'asesu i faint roeddwn i'n ei guddio am natur fy nementia a dyma hi'n dweud wrtha i 'mod i'n berfformiwr. Wel, doedd hynny'n fawr o syndod! Ond beth wnaeth fy synnu i oedd sut roedd hi wedi fy neall i! Mi allwch chi dwyllo rhai o'r bobl beth o'r amser, ond ddim seicolegydd, mae'n debyg!

Un o'r pethau gorau am fod yn rhan o'r prosiect oedd y ffaith 'mod i'n rhan o dîm. Roeddwn i wrth fy modd ein bod ni'n gallu defnyddio ein cryfderau i helpu ein gilydd. Roeddwn i'n gwybod na allwn i gofio dim byd am fwy nag ychydig funudau, ac na fedrwn i ysgrifennu pethau i lawr, ond mi allwn i dorri nionyn yn fanwl a chywir, diolch i'r profiad o weithio yn y diwydiant coed. Roedd un neu ddau wedi colli eu gallu i dorri unrhyw beth, ond roedd ganddyn nhw'r llawysgrifen mwyaf cain. Dyna beth oedd gwaith tîm! Dwi'n credu bod gweithio fel rhan o dîm wedi bod o gymorth mawr i gynyddu ein hunan-werth. Yn hytrach na chlywed nad oedden ni'n gallu gwneud rhywbeth neu nad oedd pwynt dweud dim wrth bobl fyddai'n sicr o anghofio, roedden ni'n cael ein hannog i ddatrys problemau a chydweithio.

Roedd y byrddau i gyd wedi eu rhifo'n glir i hwyluso dod o hyd iddyn nhw, ond pan gyrhaeddon ni'r bwyty un bore, roedd rhywun o'r tîm cynhyrchu wedi newid safle'r byrddau. Roedd hyn naill ai'n ddrygioni neu'n gynllun bwriadol i weld a oedden ni'n gallu ymdopi a datrys problemau anoddach. Ac, wrth gwrs, mi wnaethon ni ymdopi. Rhwng pawb, a'n bod ni'n gweithio cystal fel tîm, mi ddaethon ni o hyd i ffordd o bwyso ar alluoedd ein gilydd a datrys popeth. Dyna ddangos i Channel 4!

Roedd Channel 4 yn wych, rhaid dweud. Roedd ganddyn nhw feddyg ar y safle, a chyfreithiwr hefyd. Bwriad hynny oedd sicrhau nad oedd y rhai a oedd yn derbyn budd-daliadau yn cael eu ffilmio yn 'gweithio' a bod hynny'n effeithio ar ein budd-daliadau. Ysgrifennodd y cyfreithiwr lythyrau yn cadarnhau bod popeth roedden ni'n ei wneud ar y rhaglen yn wirfoddol ac yn ddi-dâl. Pethau ystyriol a synhwyrol fel yna oedd yn gwneud y sioe yn werth chweil, a neb yn gorfod poeni am gael ein barnu neu am ymateb y swyddfa budd-daliadau.

Er nad ydw i'n cofio llawer am y rhaglen rŵan, a bod llawer o gynnwys y bennod yma wedi cael ei sbarduno gan Deb a Teresa, dwi wedi ailwylio'r olygfa lle roedd Josh yn fy annog i deipio e-bost. Fel dwi wedi sôn, roedd ysgrifennu a darllen yn prysur droi'n sgiliau a oedd wedi cael eu dileu gan ddementia, ond roedd Josh yn mynnu 'mod i'n dyfalbarhau â theipio e-bost eithaf syml. Roedd yn amlwg o wylio'r olygfa 'mod i wedi cael fy nghludo'n ôl i'm dyddiau mewn busnes. Bryd hynny, roeddwn i'n arfer ysgrifennu adroddiadau manwl 50 neu 60 tudalen yn rheolaidd. Bellach, prin fedrwn i raffu mwy nag ychydig eiriau at ei gilydd. Felly, mi oedd hi'n rhyfedd gwylio fy hun ar y teledu yn torri i lawr a chrio. Roedd yn foment fawr iawn, i Teresa ac i fi. Yr hyn roedd yn cyniwair ynof oedd pwysigrwydd bod â phwrpas mewn bywyd. Roedd yn atgof arall o'r ergyd i'm hunan-werth a ddaeth gyda'r diagnosis; dyna pam roeddwn i'n crio, er y byddai'n well gen i fod heb wneud hynny ar y teledu o flaen pawb!

Hyd yn oed rŵan, er nad ydw i'n cofio dim o hyn, pan fyddai Teresa neu Deb yn f'atgoffa i, roeddwn i'n dal i brofi'r emosiwn dwys a chignoeth a'i ail-fyw yn yr unig ffordd y gwyddwn i sut: drwy deimladau. Roedd yn atgof amlwg nad oeddwn i a'r teulu byth yn mynd i gael gwared ar yr anghenfil dementia 'ma. Roedd ganddo wyneb a hunaniaeth, mi allwn i ei leddfu a'i felltithio a dweud y drefn wrtho, ond, wyddoch chi, roedd yn mynd i fod yno o hyd. Wedi dweud hynny, y fi ydw i, dyn digon pengaled, ac er 'mod i'n deall bod dementia yn cael gwared arna i, roeddwn i hefyd wedi dod yn fwy nag oeddwn i wedi bod erioed. Yn syml, roedd yn rhaid i hynny ddigwydd er mwyn i fi allu goroesi.

Oedd, mi oedd bod yn rhan o'r prosiect gwych hwn yn waith caled ond yn bleserus iawn er gwaethaf yr adegau ysbeidiol o dristwch. Dwi'n mawr obeithio y daw rhywbeth pendant o'r rhaglen, hyd yn oed os mai dim ond hybu ymwybyddiaeth o ddementia fydd hynny, a siglo canfyddiadau rhai pobl o fythau a stereoteipiau sydd ynghlwm wrth y cyflwr.

Yn ogystal â chyfarfod â phobl eraill sydd â chyflwr tebyg sy'n newid eu bywydau, roedd yn gyfle gwych i Teresa dreulio amser yng nghwmni partneriaid y rhai sy'n byw efo'r cyflwr. Doedd o ddim yn wyliau iddi yn hollol, ond teimlwn y byddai cael cyfle i rannu ei phryderon neu ei rhwystredigaethau – a waeth i ni wynebu hynny, mae'r rhwystredigaethau'n niferus wrth fyw efo rhywun â nam difrifol ar eu cof – yn mynd i fod yn therapiwtig iddi bron iawn.

Roeddwn i'n mwynhau gwneud gwaith blaen tŷ. Roedd yn braf gwylio pobl yn bwyta efo'i gilydd, y bwrdd yn llawn bwyd a diod, a chlywed pobl yn chwerthin ac yn sgwrsio ar draws y bwrdd. Er bod bwyta allan yn anodd i fi'r dyddiau yma oherwydd yr ymdrech i ddarllen y fwydlen a chael fy llethu gan ormod o sgwrs, roedd yn dda gweld pobl yn mwynhau cwmni ei gilydd, ac os gwnes i helpu i hynny ddigwydd drwy ddweud, "Bwrdd i bedwar, ia?" neu, "Bwrdd i ddau?", yna dwi'n falch o fod wedi gwneud hynny. A wyddoch chi, dwi'n hoffi sŵn brawddeg sy'n dweud yn blwmp ac yn blaen, "Bwrdd i bedwar?" Mae'n gwneud i fi feddwl am adegau hapus, am bobl yn cyfarfod i rannu pryd, am gymuned – am fywyd normal, bywyd bob dydd. Ydy, mae 'bwrdd i bedwar' yn swnio'n dda iawn.

DEB

(ii)

BWRDD I UN

Mae Peter yn ôl am y penwythnos ar ôl ffilmio rhaglen y bwyty, felly rydyn ni'n seiclo eto. Mae'n ddiwrnod oer ac rydyn ni'n eistedd wrth fwrdd y tu mewn i gael seibiant a dishgled.

Mae Peter yn rhedeg ei fysedd ar draws y bwrdd. Dwi wedi sylweddoli, wrth i'w gof bylu, ei fod yn defnyddio ei synhwyrau eraill i gofio pleserau bywyd. Mae cofio drwy deimlo yn un o'r synhwyrau hyn. Mae gwên o gydnabyddiaeth lawen ar ei wyneb wrth iddo ailgysylltu â'i hen fyd gwaith.

"Mae pren yn dal i deimlo mor gyfarwydd i fi. Fel bod adra. Llarwydden ydy honna," meddai. "Mae'n ddarn da o bren. Mae'n gynnes i'r cyffyrddiad; mi oedd hi'n goeden fyw ar un adeg. Ac mae'r pren yn dal yn fyw. Yn symud ac yn plygu efo'r elfennau. Dyna be' dwi'n ei weld a'i deimlo rŵan."

Dwi wedi sylweddoli dros yr ychydig fisoedd diwethaf fod Peter yn gwybod enwau planhigion a llwyni yn reddfol, mae'n gallu adnabod yr adar hunan-ddinistriol sy'n mynnu sboncio i'r ffordd yn aml wrth i ni seiclo, ac mae'n dal i adnabod y gwahanol fathau o bren mae'n eu gweld. Mae'n anghofio o fewn munudau ei fod wedi bwyta darn eithaf mawr o gacen foron ac yn taeru du yn wyn nad oedd wedi bwyta briwsionyn pan fydda i yn ei atgoffa, ond dyw e byth yn anghofio lliw a theimlad coeden. Mae'r wybodaeth hon yn glynu yn ei feddwl, fel rhisgl coeden o gwmpas boncyff. Mae cariad Peter at goed mor gryf ag erioed, heb ei bylu gan ddyfodiad di-dostur dementia.

"Wsti be," meddai, "mae byw efo dementia … wel, dydy o ddim yn annhebyg i fyw efo bwrdd sy'n crebachu. Dyma i ti fwrdd mawr, braf …"

Dyma hi'n dod, dwi'n meddwl i'n hun. *Gwireb fach arall gan Berry i'w chofio a'i chofnodi.*

"Edrycha, mae 'na debot a chacen a chyllyll a ffyrc a napcynnau a helmedau beic a …" mae'n stopio ac yn gwenu arna i, "… a llwyth o dy sbwriel di – be' ar y ddaear yw hwnna?!" (Ar y pwynt hwn, dwi'n tynnu fy hances bapur chwyslyd o'r bwrdd a'i tharo yn y bin, gan wybod, er ei fod yn tynnu fy nghoes i, bod fy mlerwch greddfol i'n dân ar ei groen trefnus, ac mae'n glynu'n dynn at bwysigrwydd bod yn drefnus cyn i hynny eto ddiflannu i bwll difancoll dementia.) "Mae'r bwrdd yma yn gallu dal cymaint. Ac mae 'na gymaint ohonon ni, yn ffrindiau a theulu, yn gallu eistedd o'i gwmpas a rhannu'r pethau arno. Ond os wyt ti'n torri darn o'r bwrdd i ffwrdd, mi fydd y cwpanau'n syrthio ar lawr, wedyn y platiau, yna'r cyllyll a'r ffyrc, ac yn y pen draw, fydd 'na ddim byd ar ôl. Wedyn mi fydd 'na fwy a mwy o bobl yn gadael y bwrdd achos bydd 'na ddim lle i bawb eistedd o'i gwmpas o efo fi. A bydd 'na ddim pwynt eistedd o gwmpas y bwrdd chwaith. Fydd 'na ddim byd ar ôl arno fo.

"Mi oedd y bwrdd yn arfer dal fy holl atgofion i. Ond mae'n union fel tasa rhywun wedi mynd â llif at y bwrdd a thorri darn i ffwrdd. Dydy o ddim digon mawr i ddal fy holl atgofion i rŵan.

Mae rhai ohonyn nhw'n cwympo ar lawr."

Heb feddwl, dwi'n edrych ar y llawr fel pe bawn i'n chwilio am atgofion Peter. Dwi'n meddwl am y bwrdd a'r hyn sydd arno fe, a pha mor boenus yw profiad Peter o wylio ei atgofion gwerthfawr, fesul un, yn disgyn ac yna'n chwalu yn y gwagle o dan y bwrdd.

Dwi'n gwybod digon am Peter i sylweddoli ei fod weithiau'n gallu mynd lawr ar ei bedwar a gafael mewn llond llaw o atgofion. Mae'n gafael yn yr atgofion hynny'n dynn, yn eu cadw'n agos at ei frest, ond mae hefyd mor fodlon eu rhannu gyda fi. Atgofion o gael ei fwlio yn yr ysgol cyn sefyll lan i'r bwli o'r diwedd a rhoi pelten iddo ar ei drwyn, a'i dad yn ei longyfarch ar ddatrys y broblem. Atgofion am ei dad yn dangos iddo sut i dorri coed; atgofion o gael ei gyhuddo ar gam o fandaleiddio blwch ffôn yn Framlingham a gorfod mynd i'r llys, lle parhaodd i fynnu ei fod yn ddieuog, ac yna cael dirwy am fod mor ddigywilydd; atgofion o'i dreial seiclo cyntaf yn 17 oed; atgofion am ei briodas â Teresa a holl lawenydd y dydd; atgofion o blannu coeden i'w ferch pan oedd hi'n ddwy oed. Mae'r atgofion hyn yn fyw ac yn glir, ac mae'n ymhyfrydu yn eu disgrifio i fi. Ac eto, mae atgofion am yr her seiclo ddiweddar, atgofion am ddoe neu hyd yn oed awr yn ôl yn aneglur, yn niwlog o gwmpas yr ymylon nawr, yn melynu, yn pylu ychydig mwy wrth i bob eiliad basio.

Er mor boenus yw hi iddo edrych ar y darnau yn ei ddwylo, yr atgofion yn ddarnau mân, mae'n gorfodi ei hun i edrych, achos os nad yw'n dal ei afael arnyn nhw, beth fydd ar ôl? Mae'n ddyn ymarferol; ei gryfder erioed oedd ei allu i ddatrys problemau. Dwi'n amau ei fod yn dal i obeithio y bydd yn gallu eu trwsio rywsut, rhoi'r darnau'n ôl at ei gilydd, damaid wrth damaid, nes eu bod nhw'n gyfan, ac y bydd hynny'n rhywbeth, o leiaf. Ar ddyddiau da, mae'n gallu gwneud hyn; ar y dyddiau niwlog, mae'n gadael iddyn nhw ddisgyn o'i ddwylo i'r llawr, a derbyn hynny gydag ochenaid flinedig. Mae rhai yn chwalu'n deilchion llai. Os yw'n ceisio'n rhy galed i'w hachub nhw, bydd yr ymylon miniog yn torri blaenau ei fysedd yn glwyfau poenus, felly mae'n gwybod bod yn rhaid iddo eu gadael ar y llawr i gael eu sathru dan draed afrosgo'r anghenfil dementia sydd ar warthaf Peter, yn ddidostur, yn ddi-ildio.

Mae'n anodd credu bod Peter wedi rhannu ei fwrdd gyda ffrindiau a theulu, dim ond rai blynyddoedd yn ôl. Roedd ei fwrdd yn gwegian o dan bwysau atgofion. Roedd ei fwrdd yn lle o chwerthin a sgwrsio, lle cymdeithasol lle roedd Teresa ac yntau'n croesawu pawb. Yn raddol, wrth i'r bwrdd grebachu, mae pobl wedi symud i ffwrdd, yn mwmian gyda chywilydd bron, gan wneud esgusodion gwan a thila ynglŷn â pham na allan nhw aros.

Felly dwi'n sylweddoli fod Peter bellach yn rhannu'r bwrdd gyda dim ond llond llaw o bobl, ond mae'r ddau ohonon ni'n gwybod y bydd yn bwyta ar ei ben ei hun yn y pen draw, gyda dim ond ambell atgof ar hap yn gwasgu i'r gofod bach sy'n weddill, hyd nes na fydd y rhain hyd yn oed yn ddigon i'w gynnal.

PENNOD
CHWECH

GWANWYN 2019

PETER

(i)

AMERICA!

Os nad oedd gen i ddigon i 'nghadw i'n brysur, mi wnes i dderbyn e-bost gan Americanwr o'r enw Andy Jordan. Roedd Andy wedi 'ngweld i'n gwneud cyfweliad hanner awr efo cydweithiwr iddo, Deborah Kan, yn sôn am fyw efo dementia, ac roedd eisiau gwneud rhaglen ddogfen amdana i.

Profiad digon doniol, ond digon cyffrous hefyd. Americanwr eisiau ffilmio rhywun o bentref bach ar arfordir Suffolk! Roedd yn rhaid i fi ofyn i Deb helpu efo'r trefniadau, gan fod y cyfan yn rhy gymhleth i fi, ac mi gamodd hi i'r adwy yn fodlon.

Unwaith eto, mae manylion y digwyddiad hwn ychydig yn fylchog, a dweud y gwir – wel, i fod yn berffaith onest, dwi wedi anghofio popeth am y peth, ond mae Deb wedi helpu i roi'r darnau at ei gilydd efo cymorth lluniau a fideo o'r cyfweliad ei hun. Ond mae'r rhan fwyaf o'r hanes isod wedi diflannu o'r cof, felly dwi'n mynd i adael i Deb ysgrifennu'r stori yn ei geiriau ei hun a chadw'r ffydd na fydd hi'n hepgor unrhyw beth!

DEB

Pan soniodd Peter ei fod yn mynd i gael ei ffilmio gan Americanwr, roeddwn i'n amheus. Ond fe wnaeth Andy Jordan ymddwyn yn ddi-fai, gan ddangos y parch a'r sensitifrwydd mwyaf i anghenion Peter. Roedd Andy wedi sefydlu cwmni o'r enw Needle Space Labs ac, ar ôl cael ei ysbrydoli wedi gwylio Peter yn cael ei gyfweld, roedd eisiau creu stori fideo ar gyfer ei gwmni. Mae Andy'n disgrifio'i waith fel gwthio edau drwy nodwyddau ein hamser i bwytho ffabrig o optimistiaeth frys a llawenydd herfeiddiol – lle mae straeon yn tyfu gwerth busnes, yn creu mudiadau ac yn dyrchafu a dathlu'r stori ddynol. Yn y bôn, mae ffocws Andy ar y cadarnhaol, stori ddynol gydag ymdeimlad o obaith, ac roedd hanes Peter yn ddelfrydol yn hynny o beth.

Yn hytrach na dod o'r Unol Daleithiau ei hun, cyflogodd ddau gydweithiwr o Lundain i dreulio deuddydd yn Suffolk. Y bwriad oedd cyfweld â Peter ac yna'i ffilmio'n eithaf cyson, yn enwedig pan oedd allan ar y beic.

Daeth Ollie a Pawel i Suffolk a dechrau ar eu gwaith gyda brwdfrydedd; roedden nhw'n amlwg yn edrych ar Peter fel gŵr bonheddig ac ysbrydoledig. Fe wnaethon nhw gynnal cyfweliad gwych gyda Peter: roedd ei allu i siarad o flaen y camera yn dal yn anhygoel. Dydw i ddim yn gwybod sut roedd e'n llwyddo, o ystyried ei fod wedi anghofio'r cwestiwn erbyn iddo orffen ei ateb, ond roedd ei gyfweliadau yn hynod o gaboledig bob tro.

Er iddyn nhw holi ambell gwestiwn anodd i Peter am y diagnosis a'i iselder, fe wynebodd nhw i gyd a'u hateb gyda gonestrwydd mor agored. Fe fyddai'n rhaid i chi fod wedi cael eich gwneud o garreg i beidio â chael eich cyffwrdd.

Wedyn fe wnaeth Ollie fy nghyfweld i, a dim ond bryd hynny, a finnau'n cecian a baglu drwy'r atebion i'w gwestiynau, y gwnes i wir werthfawrogi pa mor anhygoel oedd Peter. Roedd Peter yn gaboledig a chartrefol o flaen y camera ac wrth ateb y cwestiynau, yn bwyllog a huawdl o'r dechrau i'r diwedd. Y disgrifiad gorau dwi'n gallu meddwl amdano yw darn mawr o ddodrefn, seld gadarn, solet fydd byth yn siglo neu'n torri o dan bwysau, ni waeth faint o bwysau rowch chi arni hi. Wedyn meddyliwch am seld rad: braidd yn simsan, gyda darnau ar goll, sydd ychydig bach yn sigledig, gyda darnau dros ben ar ôl ei rhoi hi at ei gilydd sydd ddim fel pe baen nhw'n perthyn. Unwaith mae rhywbeth yn cael ei roi ar y seld, mae'n gwegian a disgyn yn ddarnau. Dyna fi yn ystod fy nghyfweliad. Felly os dwi'n galw Peter yn seld gadarn sy'n cynnal popeth sy'n cael ei bentyrru ar ei ben, dwi'n gwneud hynny yn llawn edmygedd.

Ar ôl y cyfweliad, fe gawson ni'r profiad swreal o gael ein ffilmio gan Pawel, a oedd yn eistedd yng nghist car Ollie wrth i ni seiclo tu ôl iddyn nhw. Erbyn i ni gyrraedd Thorpeness, roedd yn teimlo fymryn fel cael ein herlid gan 'paparazzi' penderfynol, er mai ni oedd yn dilyn y car. Efallai mai ni oedd y 'paparazzi' felly? Yna, fel consuriwr sinematig sy'n creu pob math o gyfryngau, dyma Pawel yn tynnu drôn allan o'i het o ryfeddodau. Roedd y drôn yn hedfan uwch ein pennau wrth i ni seiclo drwy'r un rhan o Thorpeness dro ar ôl tro tra bod Ollie hefyd yn ffilmio o ochr y ffordd.

Roedd yr amser a'r ymdrech a aeth i mewn i'r fideo yn wych. Pan gafodd y fideo ei ryddhau, dywedodd Andy fod cymaint o ddeunydd cyfoethog ynddo nes ei fod yn saith munud o hyd. Cafwyd ymateb cadarnhaol yn yr Unol Daleithiau a'r Deyrnas Unedig, gyda'r Alzheimer's Society yn dweud ei fod yn un o'r fideos gorau ar ddementia. Pan wyliodd Peter y fideo, fe ddywedodd fod gwrando ar y pethau roedd e wedi'u dweud ond heb fod ganddo unrhyw syniad ei fod e wedi'u dweud nhw, yn deimlad rhyfedd.

"Dwi'n gallu bod yn eitha' dwys, tydw?" meddai.

Roedd Peter yn falch iawn o fod yn rhan o'r fideo, ond

soniodd fod y ffaith ei fod yn cofio cyn lleied o'i greu fel gwylio ei fywyd yn cael ei erydu.

"Mae fy atgofion i gyd yn cael eu creu mewn tywod ac yna'n cael eu golchi i ffwrdd gan lanw dementia. Dwi eisiau i ti eu rhoi nhw ar gof a chadw fel y byddan nhw yna i Teresa neu Kate, neu unrhyw un arall, i gael gafael arnyn nhw rhyw ddiwrnod pan fydd drws fy nghof i wedi cau'n dynn."

Fe wnes i sicrhau Peter fod popeth yn cael ei recordio ac y byddwn i'n ei roi ar gof a chadw iddo.

Ychydig ddyddiau yn ddiweddarach, dyma fe'n dweud hyn: "Wsti be', mae'r weithred syml o geisio cofio hyn a gallu cofio cyn lleied wedi creu tonnau gwyllt anferthol yn nyfroedd cythryblus fy nghof. Dwi'n ceisio meddwl am rywbeth dwi eisiau ei ddweud wrthot ti, ond alla i ddim ei ddwyn i gof."

DEB

(ii)

MAE RHYWUN WEDI TAFLU CARREG I'R DŴR

Mae'n wanwyn, mae'n anghyffredin o gynnes ac rydyn ni'n gallu ailddechrau ymarfer. Mae Peter ychydig yn dawedog, a dwi'n synhwyro bod rhywbeth yn ei boeni, felly dydw i ddim yn siarad. Mae yna rith o fyfyrdod tawel yn nythu rhyngom ni. Dwi'n cael y teimlad y bydd Peter yn agor y llenni fymryn yn fwy ar ei fyd dementia pan fyddwn ni'n stopio, a gadael i fi grwydro'n rhydd o gwmpas ei dŷ dementia. Dwi'n gwybod bod llyfrgell o ddeunydd wedi ei bentyrru y tu ôl i'r llenni hyn; mynydd o drosiadau a llu o ddelweddau yn aros i gael eu gweld. Hyd yn oed os mai cipolwg ar rai o'r cloriau sy'n bosib, dwi'n gwybod y bydda i'n gweld rhywbeth syfrdanol a fydd yn gwneud i fi awchu am ragor o wybodaeth, am brofiad manylach o fyd Peter.

Rydyn ni wedi seiclo tri deg milltir: amser i gael seibiant. Fel dwi wedi sôn o'r blaen, fi yw cloc bwyd a diod Peter, ac mae'n dasg sy'n tarddu o gyfeillgarwch, nid tosturi. Rydyn ni'n eistedd mewn caffi ac, yn wahanol iawn i'r arfer, yn archebu salad a brechdan yn hytrach na chacen. Mae 'na her seiclo i ymarfer ar ei chyfer, wedi'r cyfan, mae mwy i fywyd na chacen a hufen iâ!

Dyma Peter yn dweud, "Dwi wedi bod yn meddwl a dyma'r peth: sbel yn ôl, mi oedd gan rywun garreg yn ei law ac roedd wedi crafu'r llythyren 'd' arni hi. D am dementia. Yna dyma daflu'r garreg i'r llyn. Mi fuodd hi sbel cyn taro'r dŵr. Roedd hi yn yr awyr am gyfnod hir, ond roedd hi'n siŵr o ddod i lawr rywbryd. A phan darodd hi'r dŵr yn y pen draw, mi greodd hi grychau dirifedi ar yr wyneb. Unwaith i'r garreg daro'r dŵr, fe greodd ei hanhrefn ei hun, gan darfu ar fy mywyd i ac ar fywydau'r bobl sy'n fy nabod i ac yn fy ngharu i. Mae'r crych bach yn don erbyn hyn. Dwi'n gallu reidio arni, dwi'n llwyddo i ddal gafael. Ond mynd yn fwy fydd y don a mynd yn fwy garw fydd y dŵr. A dwi wedi syrthio i mewn fwy nag unwaith. Yn y pen draw, mi fydd y don yn troi'n tswnami. A fydda i ddim yn gallu syrffio arni na dal gafael arni; mi fydd fy mysedd yn llithro ac mi fydda i'n disgyn. Ac mi fydd popeth yn cael ei chwalu."

Dim ond ers iddo gael ei ddiagnosis dwi'n nabod Peter. Mae ei hen fyd yn gaeedig i fi. Dwi'n ceisio dychmygu llyn Peter, y dŵr yn dawel, yna'r garreg yn disgyn, ac yna'n cyflymu fel taflegryn *Exocet* cyn ffrwydro yn ei fyd, a'i chwalu'n deilchion, y darnau'n hedfan i bob cyfeiriad, gan frifo a chleisio pwy bynnag oedd yn ddigon anlwcus i fod yn eu ffordd.

Mae delwedd Peter yn fy mrawychu i. Fel pe bawn i'n chwilio am gefnogaeth, dwi'n gafael yn fy fforc yn lletchwith ac yn trywanu'r letysen lipa.

"Ond dwi'n dechrau gadael i bobl gael cipolwg ar fy myd i, ar realiti fy mywyd i. Dwi'n gadael iddyn nhw reidio efo fi ar y dyfroedd garw. Dwi'n gwybod ei bod hi'n daith frawychus, ond mae'n daith mae angen ei chymryd."

Dwi'n gafael yn dynnach yn fy fforc, ac mae esgyrn fy nwylo i'n gwynnu, fel pe bawn i'n syrffio'r tonnau ochr yn ochr â Peter ac yn gafael mor dynn ag y medrwn i. Mae'r letys yn dal ar y plât, yn dawel a llipa. Yn rhyfedd iawn, dwi wedi colli fy awydd am letys tila.

Yna dyma Peter yn dweud, "Wsti be', Debs? Mi wyt ti'n gafael mewn fforc fel babŵn hanner pan. Does gan y letysen 'na ddim gobaith o gyrraedd dy geg di." Rydyn ni'n chwerthin a'r trympedi yn seinio 'ta-da!' llawen wrth i'r llen felfed ddod i lawr yn sydyn, yn ddidaro a chuddio'r tŷ dementia am ddiwrnod arall. Ffwrdd â chi, does 'na ddim byd i'w weld fan hyn, bobl, wrth i Peter y perfformiwr ymddangos, codi llaw ar y gynulleidfa, a chysgodi ei lygaid rhag pelydrau disglair y byd mae e wedi'i greu.

"Gad i ni seiclo," meddai. Mae'n gwenu'n llydan wrth feddwl am gam nesaf y daith seiclo; gwên sydd mor ddisglair yn ei hanfod fel ei bod hi'n goleuo'r ffordd o'i blaen. Ond, wyddoch chi, os edrychwch chi ar Peter, mae'n bosib y gwelwch chi fflach o rywbeth y tu ôl i lygaid bywiog y perfformiwr, y fflach leiaf o dristwch wrth iddo feddwl pam mae'r garreg wedi mynnu glanio yn ei lyn. Ac os byddwch chi'n gwrando'n astud, mae'n bosib y clywch chi furmur tswnami yn crynhoi, yn y pellter ar hyn o bryd, ond yn cyflymu ac yn nesáu gyda phob eiliad.

PETER

(iii)

DEMENTIA ANWADAL

Weithiau doeddwn i ddim yn cysgu'r nos; dwi wedi treulio gormod o oriau yn syllu ar y nenfwd, yn gwrando ar yr anghenfil dementia yn chwerthin a llafarganu, "Dwi'n dal yma," drwy'r blydi nos.

Mi fydd y rhan fwyaf o bobl, pan fyddan nhw'n mynd i'r gwely, yn rhedeg drwy ddigwyddiadau'r dydd yn eu pennau. Efallai eu bod nhw'n dewis ail-fyw'r rhannau da ac anghofio'r rhannau drwg. Pan fydda i'n mynd i'r gwely, dydw i ddim yn gallu gwneud hynny. Alla i ddim myfyrio ar beth dwi wedi'i wneud yn ystod y dydd achos dydw i ddim yn cofio beth wnes i. Os ydw i wedi bod ar daith hir ar y beic, mae'n bosib bod fy nghoesau fymryn yn boenus, ac y gallai hynny fod yn gliw i rywbeth dwi wedi'i wneud. Fydda i ddim yn gwybod ble bues i ar y beic, beth wnes i ei fwyta na phwy fues i'n sgwrsio â nhw. Efallai y bydda i'n meddwl am deithiau seiclo i fi eu gwneud yn y gorffennol, ond does gen i ddim byd i'w ystyried yn y presennol, dim byd i hel meddyliau yn ei gylch, dim byd i'w ail-fyw, dim byd i'w fwynhau.

Doedd llenni'r ystafell wely byth yn cael eu cau'n llwyr. Bob tro roedd 'na fwlch bach i fi gael gweld y byd mawr tu allan, ac ar rai nosweithiau clir, mi allwn i orwedd yn y gwely ac edrych ar y sêr. Ond ar y cyfan, roeddwn i'n gorwedd yn y gwely, a hwnnw'n teimlo fel twll gwag, yn y tywyllwch, yn aros i fynd i gysgu. Roedd yn lle unig a brawychus i fod, ac mi roedd y nosweithiau'n hir.

Diffyg cwsg a dementia. Dydy o ddim yn gyfuniad da. Doedd pethau ddim yn teimlo'n deg. Ond erbyn hyn, roedd 'na gymhlethdod ychwanegol. Nid dim ond byw efo dementia oeddwn i; erbyn hyn, roeddwn i'n byw efo dementia anwadal. Ambell ddiwrnod, roeddwn i'n cerdded yn dalsyth a chryf. Dro arall, roeddwn i'n wan, yn hen ac yn fy nyblau. Roedd fel byw efo ceffyl gwyllt: dementia afreolus ac anwadal.

Pan fyddwn i'n gorwedd yn effro drwy'r nos, dim ond cyfres o emosiynau oedd fy meddyliau i; roedd hi'n anodd cadw trefn ar unrhyw beth. Ond pan fyddwn i'n effro, efo Teresa yn cysgu'n drwm wrth fy ochr i, roeddwn i'n gwybod na fyddwn i'n gallu mynd yn ôl i gysgu. Roeddwn i'n teimlo'n gaeth mewn rhyw wacter mawr. Y teimlad oedd gen i oedd mai dementia oedd y gwacter hwnnw, ac os oeddwn i'n edrych ymlaen yn y nos dywyll a llwm, roeddwn i'n gweld y gwacter, y dim byd hwnnw, yn brasgamu tuag ata i yn barod i'm llethu i. Roeddwn i'n sownd yn nhir neb, enaid coll mewn gwlad mor ddirgel nes ei bod yn fy nychryn i. Doeddwn i ddim yn gwybod lle oeddwn i na sut gwnes i gyrraedd yno. Mae peidio â gwybod ym mha fyd rydych chi'n byw, i ba fyd rydych chi'n perthyn, yn deimlad rhyfedd iawn.

Mi fyddwn i'n cael llawer o feddyliau, ond roedden nhw'n mynd bron mor gyflym ac y bydden nhw'n dod. Doeddwn i ddim yn gallu dal gafael arnyn nhw, eu tynnu tuag ata i. Pan fyddwn i'n llwyddo i wneud hynny weithiau, mi fyddai'n rhywbeth hollol ddigyswllt. Ydych chi'n gwybod sut deimlad yw hynny? Teimlad fel darllen llyfr i dudalen deg ac yna cyrraedd tudalen ugain heb wybod beth sydd wedi digwydd ar y tudalennau rhwng y ddau. Doeddwn i ddim yn gyfarwydd â'r plot, doeddwn i ddim yn adnabod y cymeriadau, roeddwn i mewn gwlad ddieithr ac yn gobeithio'n fawr y byddai rhywun yn gafael yn fy llaw, yn fy achub i a 'nghadw i'n saff cyn i'r dim byd fy llyncu i.

Pan oeddwn i'n effro yn y nos fel hyn, mi allwn i deimlo ôl troed yr anghenfil dementia yn cerdded ar hyd coridorau fy meddwl. Roedd yn sathru ar fy atgofion, ar fy meddyliau, ond doedd o ddim yn gallu dwyn fy enaid na dwyn fy nheimladau. Y fi oedd piau'r rheini am byth. Dyna fyddwn i'n dweud i fi fy hun ganol nos. Dyna fyddwn i'n dweud i fi fy hun er mwyn goroesi duwch y nos tan y deuai goleuni'r bore i'w chwalu.

O, mi wyddwn y byddai'r nos yn mynd a'r bore'n dod yn y pen draw, ac y byddai'r byd yn fwy golau; efo pob diwrnod newydd, mi fyddwn i o hyd yn teimlo'n fwy penderfynol. Doeddwn i ddim am adael i'r cyflwr anwadal amharu ar fy nghynlluniau. Roeddwn i'n benderfynol o beidio â gadael i'r ceffyl gwyllt sathru arna i, ond yn hytrach ei farchogaeth, ei ddofi, i fod yn rhyfelwr o hyd. Roedd yn bwysig i fi na fyddai pobl eraill yn gwybod sut roedd y frwydr yn fy ngwacáu i'n llwyr ambell ddiwrnod. Doeddwn i ddim eisiau i fy nementia i effeithio ar bobl eraill. Roeddwn i'n ddyn balch o hyd, efo'r angen i fod yn gryf yn fy ngyrru i ar hyd llwybr creigiog dementia. Fyddwn i ddim yn baglu, fyddwn i ddim yn ildio. Doeddwn i ddim eisiau i bobl eraill gerdded yr un llwybr â fi, na theimlo'r ofn roeddwn i'n ei deimlo bob dydd. Ac yn anad dim, doeddwn i ddim eisiau i 'nghyflwr i beri gofid i bobl eraill na gwneud iddyn nhw deimlo'n drist. Rhan o'm dyletswyddau i oedd amddiffyn y bobl o 'nghwmpas i, y bobl a oedd yn annwyl i fi, y bobl roeddwn i'n eu caru, rhag uffern fy nementia. Dyna beth oedd uffern o frwydr i'w hymladd bob dydd.

DEB

(iv)

#OSGOI BWLEDI BRWYDR DEMENTIA

Wrth i ni gynllunio ein teithiau ymarfer, dwi'n grediniol fod popeth yn mynd yn dda a bod Peter i'w weld yn ei hwyliau. Bob tro rydyn ni allan, mae'n tynnu coes ac yn chwerthin, ac mae'n ymddangos i fi ei fod yn gadael yr anghenfil dementia gartref yn amlach. Mae'r her hon wedi rhoi pwrpas iddo, ac mae'n mynnu mai dyna'r cyfan sydd ei angen arno i gynnal ei hwyliau a'i iechyd. Felly pan dwi'n derbyn ei neges fore heddiw, mae'n fy synnu i. Efallai 'mod i wedi twyllo fy hun yn fwriadol am natur ei ddementia neu efallai – ac mae hyn yn fwy tebygol – bod Peter mor dda am ei guddio fel ei bod hi'n hawdd anghofio ei fod yn ddyn sy'n byw gyda chyflwr angheuol. Mae'r neges destun yn syml yn dweud 'methi rhou gairiau at ei giludd heddyw, poen braidd, pen yn sdwnsh', yna 'ond #niseiclohelpu'.

Mae'r hashnod yn haeddu esboniad. Dyw Peter na fi ddim yn deall arwyddocâd hashnod yn llwyr, na sut i'w ddefnyddio'n iawn, ac eto rydyn ni'n ei ddefnyddio o hyd ac o hyd a heb gyd-destun. Mae'n ein difyrru: does dim rheswm arall iddo heblaw'r ffaith fod hashnod wedi'i leoli ar hap, yn aml mewn lle cwbl anghywir, yn gwneud i ni chwerthin. Efallai mai dyna'r unig reswm sydd ei angen. Mae'n ymddangos mai chwerthin yw'r moddion gorau i Peter ar gyfer cymaint o bethau. Felly hyd yn oed pan mae ei ymennydd niwlog yn ei wneud mor rwystredig, mae ei ddefnydd o'r hashnod yn gwneud i fi wenu.

Dwi'n ei ateb, '#niseiclo #rhywleneis #amdani'.

Ac, wrth gwrs, mae'r daith seiclo yn helpu. Yn ogystal â chwerthin, mae bod allan yn gwneud lles i Peter, mae'r awyr iach yn gwellai'i hwyliau ac mae golygfeydd a synau cefn gwlad (a dwi'n gofyn am faddeuant Shakespeare am ddwyn ei gymhariaeth) fel balm i'w feddwl clwyfus. Mae ei hwyliau'n gwella a'r cwmwl trwchus a oedd yn mygu ei feddyliau'n gynharach i'w weld yn clirio ychydig.

Rydyn ni'n seiclo, rydyn ni'n chwerthin, rydyn ni'n sgwrsio. Siarad gwag o'r natur mwyaf dibwys, sy'n cael ei daenu'n llawen dros wyneb y ffordd wrth i ni seiclo, lle mae'n disgleirio'n llachar am ennyd fel seren wib cyn pylu a diflannu am byth. Dyma beth sydd mor fendigedig am y teithiau hyn. Y seiclo yw'r rheswm i fodoli, a'r sgwrs yn eilbeth, oni bai bod rhyfeddodau byd natur yn gyfle i Peter dynnu sylw'r ferch ddiniwed o'r dref at y gwahaniaeth rhwng *Caprifoliaceae* a *myosotis*, er nad yw honno fawr callach wedyn.

Felly, mae yna ennyd annisgwyl o ddwyster yng nghanol brechdan y sgwrsio gwamal pan mae Peter yn dweud, "Wsti be', mae'r dementia yma'n boen. Fyddwn i ddim yn dymuno'r cyflwr hwn ar fy ngelyn pennaf. Ond yn fwy na hynny hyd yn oed, wn i ddim beth sydd waethaf. Byw efo'r cyflwr, neu wybod bod y cyflwr arna i, neu wybod beth sydd o 'mlaen i ar ryw bwynt. Be' wyt ti'n feddwl?"

Er bod Peter bob tro'n barod i gynnig ei esgidiau er mwyn i

fi eu gwisgo i geisio deall ei brofiad byw, fydd ei esgidiau byth yn fy ffitio i. I'r bobl sy'n byw gyda dementia, does dim y fath beth ag un maint addas i bawb. Dydw i byth yn mynd i allu deall ei sefyllfa'n llwyr, ac yn sicr does yna ddim ffordd dwi'n mynd i allu ateb cwestiwn o'r fath.

Mae'n dal ati, "Dydy dementia ddim fel afiechydon angheuol eraill; does 'na ddim triniaeth ar gael. Efo canser, efallai y gall cemotherapi brynu amser i ti, ac fe gei di byliau o deimlo'n well a chyfnodau o allu cynllunio pethau. Ond ddim fel 'na mae hi efo dementia. Dwi'n gwybod be' sy'n dod. Dydw i ddim yn gwybod pa mor gyflym mae o'n dod. Ond dwi'n gwybod ei fod o'n dod. Mae o'n magu cyflymdra yn y pellter ... mae o ar ei ffordd."

Mae'n oedi, yn ymbalfalu yn ei feddwl am un o'i ddisgrifiadau anhygoel.

"Dwi'n teimlo bod yr anghenfil dementia yn edrych arna i drwy ddrych, ond fy adlewyrchiad i dwi'n ei weld, wedyn mae'n pwyso mlaen, yn gafael yn fy ngwddw i ac yn fy llusgo i tuag ato. Dydw i ddim eisiau mynd ato fo. Dwi'n mynd i'w frwydro fo bob dydd, bob un dydd. Mae hi'n frwydr flinedig, ond dwi'n mynd i frwydro. Rhyfelwr ydw i, yn ymladd yn erbyn dementia. Mae'n debyg i ryfel, 'sdi, ymladdfa go iawn, y busnes dementia 'ma."

Mae 'na saib arall yn y sgwrs.

"Ond," meddai, "dyma'r peth. Mae dementia fel reidio beic peni-ffardding: anodd ei feistroli ar y dechrau ond yn bosib ei wneud os wyt ti'n dyfalbarhau." A dyna fe, clasur arall gan Peter Berry, ond mor ffwrdd â hi. Ond mae'n teimlo fel pe bai'r sylw penodol hwn yn crynhoi hanfod Peter.

"Dio'm ots," meddai, "mae hi'n ddiwrnod braf ac mi ydyn ni allan yn seiclo. Be' well? Gwylia'r grugiar farw 'na; mi wneith hi ddiawl o lanast ar dy deiars di." A dyna'r drws yn cau gyda chlep dyner ond cadarn, i guddio elfennau tywyll ein sgwrs a gadael i lafn o olau ddisgleirio ar ein diwrnod unwaith eto. Mae #Peter y #perfformiwr #ynôl.

Pan dwi'n cyrraedd adref, mae poen rhyfedd yn fy ochr i; ydy hi'n bosib bod 'na ddarn o fwled dementia, y darn bach lleiaf, ôl yr ysgarmes ddiweddaraf, rywsut wedi mynd yn sownd o dan fy nghroen? Ydy hi'n bosib 'mod i wedi dod yn rhan o'r frwydr, yn y ffordd leiaf erioed, ac yn dechrau teimlo ing Peter? Hyd yn oed os mai am ennyd byr mae'r fflach o boen yn para, mae'n dal i roi digon o olau i fi oleuo coridorau tywyll byd Peter. Mae'n fraint i fi gael derbyn y fath gipolwg a dirnadaeth. #ceisio #sefyll #ynsgidie #Peter #ynymladd #yfrwydr

DEB

(v)

JIMMY BERRY 1926–2019

Bu farw tad Peter, Jimmy, ychydig cyn yr her seiclo. Roedd wedi bod mewn cartref ers tro, ond roedd ei glefyd Alzheimer wedi datblygu i'r fath raddau fel nad oedd yn aml iawn yn cofio pwy oedd Peter pan fyddai hwnnw'n mynd i'w weld. Roeddwn i'n gwybod bod Peter yn cael trafferth gyda phob dim am y cysyniad o ymweld â'i dad, gan ei fod fel edrych ar adlewyrchiad a gweld i'w ddyfodol ei hun, ac roedd gwneud hynny'n achosi straen emosiynol iddo. Roeddwn i hefyd yn gwybod bod ei berthynas gyda'i dad, a'i gariad tuag ato, yn golygu ei fod eisiau ymweld ag ef. Tipyn o gyfyng gyngor, rhwng popeth.

Pan gwrddes i â Peter am y tro cyntaf, fe fyddai'n ymweld â'i dad fwy neu lai bob wythnos, gan achub ar y cyfle i seiclo i'r cartref yn Framlingham a thrwy hynny gyfuno gweithgaredd agos at ei galon gyda thasg oedd yn ei arswydo cymaint.

Er mawr glod i Peter, wnaeth e erioed sôn wrth ei fam na'i dad ei fod wedi cael diagnosis o ddementia.

"Mi aeth y ddau i'r bedd heb wybod," meddai wrtha i. "Fyddai hi ddim wedi bod yn iawn iddyn nhw wybod."

Ac unwaith eto, dwi'n rhyfeddu at gryfder mewnol dyn a fyddai'n amddiffyn ei rieni ar bob cyfrif.

Roedd Peter yn sôn am sut y byddai Jimmy yn gofyn bob tro y byddai'n mynd i'w weld, "Ble mae dy fam?" ac roedd y boen o egluro bod Betty wedi marw ychydig flynyddoedd ynghynt yn ormod iddo. Yn hytrach na gorfodi Jimmy i ail-fyw galar ei brofedigaeth, penderfynodd y teulu ddweud wrtho ei bod hi wedi mynd ar daith fws.

"Mae Betty wrth ei bodd ar fws," meddai Jimmy.

"Ydy, mae hi," meddai Peter.

"I ble mae hi'n mynd?" gofynnai Jimmy.

"I Lowestoft," meddai Peter.

"O, mae hi'n licio Lowestoft. Mi geith hi amser braf yna. Go dda."

Ac yna fyddai dim mwy yn cael ei ddweud.

Soniodd Peter fod Jimmy yn aml yn dweud, "Pwy wyt ti?" ac yntau'n dweud, "Peter, Dad," a byddai Jimmy yn dweud, "Na, dim ond pump oed ydy Peter."

Ar y dechrau, mi fyddai Peter yn cymryd yr amser i esbonio mai Peter oedd e a'i fod e'n oedolyn nawr. Ond wrth sylweddoli faint o ddryswch, ac yna gofid, roedd hyn yn ei achosi i'w dad, penderfynodd ddweud wrth Jimmy mai ar y ffordd i ymweld â rhywun arall oedd e – gan amneidio at ddyn mewn cadair gerllaw – ond y byddai'n fater o gwrteisi i gyfarch Jimmy wrth basio; roedd Jimmy yn hoffi hynny ac fe fydden nhw'n bwrw iddi a sgwrsio'n braf.

"Mae dementia yn gyflwr cymhleth, wedi'i amgylchynu gan symlrwydd," meddai Peter wrtha i. Ac yn yr achos hwn, y peth syml i'w wneud oedd lleihau'r boen i Jimmy. Felly doedd dim byd o'i le ar osgoi dweud y gwir wrth Jimmy, ac roeddwn i'n deall hynny. Fel y dywedodd Peter, doedd y celwydd ddim yn peri loes i neb, ac roedd e'n amddiffyn Jimmy. Ateb syml i'r cymhlethdod a fyddai'n codi bob dydd yn sgil dementia.

Doedd hynny ynddo'i hun ddim yn llawer o gyfyng gyngor i fi tan ychydig cyn yr her seiclo ym mis Mehefin 2019, pan oeddwn i a Peter yn seiclo heibio'r cartref lle arferai Jimmy fyw, ac yntau'n dweud, "Mae 'nhad i'n byw fan'na. Well i ni alw i'w weld o."

Roedd hi'n amlwg fod Peter wedi anghofio marwolaeth ddiweddar ei dad. Dyma fi'n petruso, a'r cyfan allwn i wneud oedd holi Peter a oedd e eisiau i fi ddweud y gwir wrtho.

Roedd yn mynnu 'mod i, a phan ddywedes i fod Jimmy wedi marw, dyma fe'n chwerthin a dweud, "Wel, mae'n rhaid 'mod i wedi edrych rêl lembo felly. Meddylia anghofio ei fod o wedi marw. Mi fyddai Dad wedi gweld hynny'n ddoniol, mi fyddai wedi chwerthin!"

Y tu ôl i'r ymateb ysmala, roedd neges Peter yn gwbl glir: roedd e'n mynnu cael clywed y gwir. Roedd dymuniad Peter yn tarddu o'i sefyllfa wybodus; ond pan fyddai'r amser yn dod pan nad oedd e'n gwybod, tybed a fyddai e eisiau cael yr un ymatebion di-boen ag yr oedd wedi'u rhoi i'w dad ei hun?

Roeddwn i'n dawel am ychydig, cyn cael fy siglo ychydig pan ychwanegodd Peter, "Weithiau dwi'n edrych i fyw dy lygaid di a dwi'n gwybod 'mod i wedi dweud yr un stori wrthot ti o'r blaen, ond mi wyt ti'n esgus nad wyt ti wedi'i chlywed hi. Ydw i'n iawn?"

Ac er ei fod yn llygad ei le, doeddwn i ddim yn gwybod sut i ymateb. Doedd 'na ddim ateb hawdd: Roedd, "Do, rwyt ti wedi dweud wrtha i," yn ddiangen o galed ac yn atgof diangen o ddirywiad cof Peter. Byddai dweud, "Nac wyt" yn gelwydd, a doeddwn i ddim eisiau gwaethygu un celwydd drwy ddweud celwydd arall. Yn gam neu'n gymwys, byddwn yn dewis dweud celwydd pan fyddwn o'r farn mai dyna'r dewis hawsaf. Oedd hi wir o bwys os oedd Peter yn dweud yr un stori ddwywaith neu dair? Roedd y celwydd yn lleddfu ergyd y dementia. O safbwynt Peter, roedd corlannu'r dementia gydag atebion syml yn lleddfu poen ac ing diangen, felly roeddwn i wedi penderfynu mai dyna beth fyddwn i'n ei wneud. Ond go iawn, bob tro y byddwn i'n clywed un o'i straeon, byddwn yn clywed rhyw fanylyn gwahanol, rhywbeth a oedd yn ychwanegu at fy nirnadaeth o'i fywyd. Yn fwy na hynny, roeddwn i hefyd yn mwynhau clywed y pleser yn ei lais pan fyddai'n dweud rhywbeth a oedd yn gwneud iddo wenu. Ond, wrth glywed yr un stori fwy nag unwaith, fe wnes i hefyd ddysgu rhywbeth am straeon pobl: beth bynnag sydd gan bobl i'w ddweud, a faint bynnag o weithiau maen nhw'n dweud yr un peth, mae yna haenau ar haenau o ystyron ac is-destunau yn eu brawddegau ar y cyfan. Yn bwysicach fyth, yn achos pobl sy'n byw gyda dementia, mae eu straeon yn cynnwys hanfod yr unigolyn oedden nhw cyn i ddementia daro, felly'r gwir amdani yw ei bod hi o hyd yn werth gwrando ychydig yn fwy astud.

PENNOD

SAITH

HAF 2019

PETER

(i)

Y PRIF DDIGWYDDIAD:
HER Y PEDAIR SIR, BORE SUL

Dyma beth oeddwn i'n ei gofio am yr her. Mi wnaethon ni gychwyn tua diwedd mis Mehefin a threulio rhai dyddiau'n seiclo. Mi wnes i gwblhau'r her ar y beic peni-ffardding yr holl ffordd. Dwi'n siŵr 'mod i wedi cael amser gwych. Pam na fyddwn i wedi cael amser gwych? Roeddwn i'n seiclo. Dyna dwi'n ei wneud: seiclo a phedlo i drechu dementia. Mi oedd seiclo wedi dod yn achubiaeth i fi, welwch chi; yn fy meddwl i, roedd un curiad o'r galon gyfystyr ag un tro o'r pedalau. Dydy hi ddim yn bosib pedlo am yn ôl, dim ond am ymlaen; hynny oedd yn bwysig. Mi wnes i bedlo am ymlaen drwy'r dyddiau hynny a sylweddoli bod y byd yn lle gwych wrth edrych arno drwy lygaid seiclwr. Lle gynt roedd 'na gysgodion tywyll a dichellgar yn tarddu o ddrychiolaeth y dementia, bellach roedd 'na oleuni a llawenydd.

Dyna beth oeddwn i'n ei gofio am yr her.

DEB

(ii)

Dyma beth dwi'n ei gofio am yr her. O, ble mae dechrau?! Roedd cymaint o wybodaeth i'w phrosesu, fe wnaethon ni gwrdd â chymaint o bobl, roedd cymaint o bethau oedd angen eu dweud, yn adlamu yn fy mhen, yn cystadlu am fy sylw.

Y peth cyntaf i'w ddweud yw ein bod ni wedi cwblhau her seiclo anhygoel. Heb Jan, a oedd yn dal heb wella o'i hanaf, fe wnaeth pedwar o'r criw (Peter, Mark, Mike a fi) seiclo'r pellter cyfan, bob milltir o'r daith, pob tro o'r pedalau. Ond dim ond un o'r pedwar wnaeth hynny ar feic peni-ffardding!

Roedd yn drist ond yn wir y byddai gan bob un o'r criw stori i'w hadrodd yn y dyfodol, ar wahân i Peter. Er bod Mark wedi bod mewn damwain beic modur ddifrifol rai blynyddoedd ynghynt a oedd yn golygu bod ei goes yn dal yn stiff a phoenus, fe ddywedodd ei fod yn edrych ymlaen at ddweud wrth ei wyrion iddo fod yn rhan o'r her hon. Roedd Mike hefyd wrth ei fodd i fod yn rhan o'r her, ac yn eithriadol o falch ei fod yn ddigon iach yn gorfforol i gymryd rhan, er gwaetha'i bengliniau gwael (roedd wedi cael llawdriniaeth ychydig ynghynt). Roeddwn i'n synnu 'mod i ar fin cychwyn ar y daith hefyd, er gwaethaf fy ysgwydd llai na holliach (a'r asgwrn pigog). Dyna beth oedd yr eironi – tri ohonon ni'n dioddef yn gorfforol mewn rhyw ffordd, gan olygu mai Peter oedd aelod mwyaf ffit y pedwarawd. Ffit, fel y byddai'n ei ddweud o hyd, ond yn anffodus, dim ond o'r aeliau i lawr.

Roedd pawb wedi cyffroi, ond fe fyddai un yn anghofio hynny'n llawer rhy sydyn. Roedden ni i gyd yn gwybod, unwaith y byddai coesau blinedig a dolurus Peter wedi gwella a'r atgof corfforol o'i lwyddiant wedi cilio, y byddai'r digwyddiad yn cael ei ddileu o'i gof. I bawb arall, roedd yn ddigwyddiad bythgofiadwy.

Yn wir, pan oeddwn i a Peter yn trafod yr her hon ddeufis yn ddiweddarach i gael ei safbwynt yntau ar gyfer y llyfr hwn, daeth yn amlwg bod y rhan fwyaf o'r her wedi mynd i ebargofiant. Ond doedd e ddim yn flin am hynny o gwbl. Os rhywbeth, mymryn o dristwch oedd 'na am y ffaith bod chwe diwrnod anhygoel wedi diflannu i niwl pell ei atgofion tymor byr eraill.

"Dwi'n cofio drwy deimlo," meddai. Ac i bwysleisio hynny, mae'n taro'i ddwrn yn erbyn ei galon. "Beth dwi eisiau i ti ei wneud ydy ysgrifennu am y cyfan mor fanwl â phosib. Achos mae fy meddyliau i'n cael eu gosod ar garreg o dywod," meddai. "Mae dementia wedi dwyn y tywod, ond dydy o ddim wedi dwyn fy ngharreg i." Cyn gwenu arna i a dweud, "Ti ydy 'ngharreg i rŵan."

Edrychais yn syfrdan o gael fy rhoi yng ngofal y fath dasg.

"Gen ti mae'r goriad i ddatgloi 'nghof i, ond hyd yn oed wedyn, mae'n debyg na fydd y goriad yn gweithio am fwy nag ychydig funudau cyn rhydu ac y bydd y drws yn cau'n glep unwaith eto. Felly'r cyfan sydd rhaid i ti ei wneud ydy ysgrifennu am y peth. Dim pwysau!"

Roedd Peter yn dibynnu arna i i gofio, i ddeall a chadw beth bynnag roeddwn i'n ei ganfod wrth ddatgloi ei fywyd gyda'r allwedd. Roedd yr allwedd yr oedd Peter wedi'i rhoi i fi yn faich ac yn anrheg ar yr un pryd. Roedd yn gymaint o fraint, ac eto roedd y cyfrifoldeb yn dychryn ychydig arna i.

Fe wnes i atgoffa Peter 'mod i wedi cadw blog, golwg ysgafn ar ein hanturiaethau ni wrth i ni ymarfer. Roeddwn i'n postio'r blog a llawer o luniau o'r cyfnod ymarfer ar ei dudalen Facebook, ac roedden nhw wedi ennyn ymateb cadarnhaol gan ei ddilynwyr. Fe wnes i drafod hynny gyda Peter i weld a fyddai fy ngeiriau i neu sylwadau pobl yn procio ei gof, ond yn ofer.

Fodd bynnag, fe wnaeth y sgwrs esgor ar glasur arall o enau Peter. Roedden ni'n eistedd i lawr, yn pori drwy'r blogiau, yn edrych ar luniau, yn chwilota drwy unrhyw beth a allai agor cil drws ei gof fymryn lleiaf, pan ddywedodd, "Dyma'r peth: yr ennyd yw'r ennyd, a dydy o'n ddim byd ond ennyd. Fi ydy'r rŵan; a'r rŵan ydw i."

Pan welodd fi'n gwgu, edrychodd arna i gyda golwg druenus bron, a hithau mor amlwg nad oeddwn i wedi ei ddeall yn syth.

"Yr hyn dwi'n ei olygu, Deb," meddai, "ydy 'mod i'n anghofio pob sgwrs a phopeth sydd wedi digwydd eiliadau yn ôl. Y cyfan dwi'n ei wybod ydy rŵan, sgwrs a phrofiad yr eiliad hon. Mae gen i ofn nad oes 'na unrhyw obaith i fi gofio'r her seiclo, er mai dim ond dau neu dri mis yn ôl oedd hi. Mae'r drws penodol hwnnw wedi cau am byth."

O ystyried hynny, dwi wedi ysgrifennu hanes ein her anhygoel gan bwyso ar fy atgofion i fy hun, sy'n dal i fod yn gwbl glir. Roeddwn i'n gwybod bod cynfas Peter bron yn wag, gyda dim ond amlinelliad gwan mewn pensil arni, ac roedd hyd yn oed hynny mewn perygl o gael ei ddileu gan frwsh paent penderfynol dementia. Ond roedd fy nghynfas i'n llachar, yn brysur, yn fyw ac yn iach, gyda straeon lu i'w rhannu. Roedd fel darlun Bruegel, gyda chymaint yn digwydd, a gweithgareddau newydd i'w gweld bob tro roeddech chi'n edrych arno o'r newydd. Roedd yn teimlo mor annheg 'mod i'n gallu hel fy atgofion ac edrych arnyn nhw pe bawn i eisiau ail-fyw'r eiliadau hynny, ond nad oedd gan Peter bron ddim byd ar ôl o'r her.

Yr hyn a oedd yn amlwg i fi, a dim ond oherwydd i fi gael cipolwg ar fyd dementia Peter, oedd bod Peter yn benderfynol drwy gydol yr her gyfan mai'r perfformiwr ynddo fyddai'n cael bod yn y golwg. Fe wnaeth drin y peth fel her bersonol – fel tase seiclo ar feic peni-ffardding ddim yn ddigon o her – i guddio hyd a lled go iawn ei ddementia oddi wrth gymaint o bobl â phosib, gan gynnwys rhai o'r criw hyd yn oed. Felly, ar ben y gamp ryfeddol o seiclo 50 milltir y dydd ar Penny, byddai Peter yn creu recordiad fideo byw ar ddiwedd pob diwrnod ar gyfer ei dudalen Facebook cyn ymuno â ni i gyd am bryd o fwyd gyda'r nos (a pheint) ac yn aml ni fyddai'n mynd yn ôl i'r gwesty tan ddeg o'r gloch y nos. Efallai nad yw hynny'n swnio'n arbennig o anodd, ond, gyda'r anghenfil dementia yn clwydo ar ei ysgwydd ac yn ei wthio ymhellach ac ymhellach i'r ddaear, credwch chi fi, roedd yn her a hanner. Os oeddech chi'n edrych yn ofalus i fyw llygaid Peter, fe fyddech chi weithiau'n gweld awgrym o flinder yn llechu yn eu dyfnderoedd, ond roedd yn gwneud ei orau glas i'w gelu, doed a ddêl.

Wrth gwrs, roedd Teresa'n ei weld – doedd hi byth yn peidio â'i weld – ac roedd hi'n ei weld yn llawer mwy byw a dwys na fi. Dwi ddim mor ddiniwed â meddwl 'mod i'n gweld y darlun llawn o hyd; byddai Peter bob amser yn paentio'r cynfas mor llawn ag y gallai, gyda lliwiau golau a llachar, fel nad oeddwn i'n gweld corneli llwm a llwyd ei fywyd. Roedd Teresa'n eu gweld nhw; roedd Teresa'n byw gyda nhw, ac yn ymwybodol o bob dirywiad bychan yng nghof Peter. Mynnodd Peter fod y bobl o'i gwmpas yn fwy ymwybodol o'i 'fethiannau' nag oedd e, a bod hynny'n rheswm arall pam eu bod nhw'n 'dioddef' gyda dementia ac yntau'n byw gyda dementia.

Fe soniodd Teresa wrtha i unwaith mai ei gwaith hi oedd diogelu Peter. Roedd Teresa yn ei ddeall ac yn ei fyw gyda Peter, ac roedd hynny'n gadael ei ôl arni hi. Fel y dywedodd Peter yn ddiweddar, roedd Teresa'n sownd wrth ei ddementia, tra roeddwn i'n gysylltiedig, a bod gwahaniaethau cynnil rhyngddyn nhw. Roedd y rhaff a oedd yn fy nghysylltu i yn gadael i fi ryddhau fy hun a'i roi allan o'r meddwl. Roedd Teresa wedi'i chlymu'n barhaol i'r rhaff dementia a doedd hi byth yn rhydd oddi wrtho. Fel y dywedodd Teresa, roedd hi wedi'i llorio'n llwyr gan ddementia yn aml iawn.

Er gwaethaf ei balchder amlwg am lwyddiant Peter, roedd ei phryder a'i hofn yn pwyso'n drwm arni hi. Ond roedd Teresa, fel Peter, wedi dysgu technegau perfformio, ac anaml y byddai ei phryder na'i chynnwrf yn amlwg yn gyhoeddus. Dyma enghraifft ofnadwy arall eto fyth o sut roedd dementia yn ddiagnosis i'r teulu cyfan a'r teulu cyfan yn ei brofi gyda'i gilydd mewn rhyw ffordd. Dementia Peter oedd dementia Teresa. Rhyngddyn nhw, roedden nhw'n ei symud yn ddeheuig o le i le, o westy i westy, gan gludo baich drom a phreifat yn effeithlon ac yn arbenigol.

Am y chwe diwrnod hynny, disgrifiodd Peter ei hun fel 'boi cyffredin arferol'. Er bod y 'boi cyffredin arferol' hwn yn seiclo pellteroedd rhyfeddol ar gryn gyflymder ar feic peni-ffardding, ac yn dal ati bob min nos er gwaetha'r ffaith bod ei egni wedi ei ddihysbyddu'n llwyr. Ac eto, llwyddodd Peter i ddod o hyd i'r cryfder mewnol i wthio ei ddementia i un ochr heb ddiffygio'n llwyr. Fel y dywedodd yn ddiweddarach, "Mae dementia yn pwyso'n drwm ar ein hysgwyddau ac mae hynny'n ei gwneud hi'n anodd sefyll yn dalsyth."

Dwi'n credu bod Peter wedi sefyll mor gadarn a thalsyth ag unrhyw ddyn arall gydol yr her gyfan, a'i fod yn haeddu ein hedmygedd dim ond am wneud hynny.

Ar ddiwrnod cyntaf yr her, 23 Mehefin – dyddiad sydd wedi'i naddu ar fy meddwl i'r fath raddau nad oedd angen i fi ei wirio – bron na allwn i gyffwrdd y cyffro yn yr awyr. Fe wnes i seiclo'r tair milltir o Saxmundham yn gyflym a chyrraedd canol pentre

Friston gyda fy nghalon yn curo a'r endorffinau'n llifo, a dyna lle'r oedd Peter gyda gwên lydan fel giât ar ei wyneb. Os oedd angen tystiolaeth erioed o'i allu i fyw yn yr ennyd a mwynhau pob eiliad, yna roedd yn amlwg i bawb ei weld. Hon oedd ei foment i deimlo'n llawen, i fwynhau cyffro'r aros – ei foment i'w byw. Roedd yn gafael ynddi yn ei ddwylo, yn ei dal fel pe bai'n aderyn crynedig a bregus, heb eisiau gadael iddi fynd. Bron nad oedd ymdeimlad o drachwant (a hynny'n ddigon dealladwy) – roedd Peter eisiau hyn i gyd a mwy; roedd wrth ei fodd yn edrych ymlaen at yr hyn oedd ar fin digwydd, ond ar yr un pryd yn gwybod yn well na neb y byddai'n diflannu ac na fyddai'n ei weld byth eto.

Roedd torf wedi ymgasglu o gwmpas Peter ac roeddwn i'n gallu gweld ei fod yn siarad â gohebydd o newyddion ITV Anglia. Roedd ei allu i siarad o flaen camera wedi dod yn ail natur. Roedd yn siarad yn rhugl ac yn huawdl, ac er bod sylwedd y cwestiynau wedi pylu yn ei gof fel tudalennau melyn hen lyfr, a hynny wrth iddyn nhw gael eu hynganu hyd yn oed, celodd Peter hynny'n fedrus. Pan oedden ni'n gwylio'r eitem newyddion ar y teledu rai dyddiau'n ddiweddarach, roedden ni i gyd mor hynod falch ohono, ond doedd perfformiad meistrolgar arall ganddo ddim yn synnu neb.

I ychwanegu at yr achlysur, roedd pentrefwyr Friston wedi mynd ati o ddifri i ddathlu dechrau'r daith. Roedd lluniaeth a phobl yn chwifio balwns, yn sgwrsio'n hapus am y digwyddiad anhygoel oedd ar fin cychwyn. Roedd pobl eisiau bod yno i'w gefnogi.

Roedd un o ddilynwyr Peter ar Facebook, Albanes o'r enw Ann, wedi gyrru o Bury St Edmunds (rhyw awr i ffwrdd) gydag Alistair, ei gŵr, i godi llaw arnon ni. Yn well fyth, roedd Ann wedi gwneud teisen frau; fe wnaeth hynny fy nghyffwrdd i'n fawr, prawf 'mod i'n dal i gario ychydig o faich dyngasedd yr hen ddyddiau, fel sgrepan Dick Whittington, ar fy ngwar. Doedd dim rhaid iddi wneud hyn; hi ddewisodd. Roedd y ffaith bod y deisen frau yn un Albanaidd go iawn ac yn flasus tu hwnt hefyd yn help.

Felly, dyna lle'r oeddwn i, yn haul gwelw bore o haf, ar ddarn o dir mewn pentref bach yn Suffolk, yn gloddesta ar deisen frau gartref. Roedd Martin wedi cyrraedd eisoes ac yn brysur yn tynnu lluniau, yn ymfalchïo yn y criw i gyd, er na lwyddodd i guddio'r ffaith ei fod e'n meddwl bod ei wraig wedi colli arni yn ystyried ymgymryd â'r fath her. Roeddwn i'n gallu clywed sgyrsiau a chwerthin pobl; yn arogli'r coffi ar yr awel o neuadd yr eglwys. Roeddwn i'n ymwybodol o'r cynnydd cyffredinol yng nghyffro'r dorf. A finnau'n sefyll yno, ychydig yn chwithig, yn ystyried lle roeddwn i arni flwyddyn yn ôl a sut roedd fy mhersbectif o fywyd wedi newid.

Flwyddyn yn ôl, roeddwn i'n straffaglu hyd at fy mhengliniau yn llaca bywydau pobl eraill. Roeddwn i'n gweithio gyda theuluoedd a oedd yn byw mewn tlodi; gyda merched ifanc – rhai mor ifanc â 13 oed – a oedd yn beichiogi gyda bechgyn a oedd yn llawn mor ifanc nad oedden nhw'n eu hadnabod, bechgyn a fyddai wedyn yn hel eu traed cyn gallu gwerthfawrogi gwên gyntaf y babi, clywed ei chwerthiniad cyntaf heb sôn am weld y dant bach gwyn cyntaf yna yn gwthio'i ffordd i'r golwg. Hwya'n byd roeddwn i'n ei dreulio yn gweithio yn y maes, mwya'n byd y tristwch llethol oedd yn cronni ynof, a finnau'n gwybod pa mor fregus a chleisiog fyddai'r genhedlaeth nesaf.

Roeddwn i wedi gwylio pobl ifanc yn eu harddegau yn cario cyllyll yn gwbl ddi-hid, fel pe baen nhw'n ategolion ffasiwn cwbl angenrheidiol. Roeddwn i wedi gweld gormod, ac wrth wylio o'r tu allan, fy mysedd yn ymledu ar wydr brwnt eu ffenestri wrth syllu i mewn ar eu bywydau, a theimlo'n ddiymadferth i'w stopio nhw, roeddwn i'n gwybod na allwn i wneud dim i newid pethau. Ar ôl blynyddoedd o ymlafnio ac ymdrechu, allwn i ddim gweld unrhyw newid amlwg.

Darllenais erthyglau yn y papurau newydd yn cyfeirio at

'ymyrraeth gynnar', gyda'r syniad fel pe bai'n cael ei gynnig fel ateb hudol i broblemau cymdeithas. Hen syniadau wedi eu pecynnu a'u brandio o'r newydd, yn cael eu gwerthu i ni fel ffisig gwyrthiol ar gyfer troseddau ieuenctid a thlodi. Pwy oedd y gweinidogion llywodraeth a'r gweithwyr ieuenctid yma oedd yn meddwl fod ganddyn nhw'r datrysiadau i hyd? Pwy oedden nhw i feddwl fod ganddyn nhw'r atebion i'r fath endemig? Pa mor wirion oedden nhw'n meddwl oedden ni?

Yn ddiweddar, roedd Peter wedi defnyddio'r ymadrodd 'ffyliaid addysgedig' a nawr, wrth edrych yn ôl, dwi'n credu 'mod i wedi sylweddoli bod ffyliaid addysgedig o'm cwmpas i ym mhobman. A fi oedd y ffŵl mwyaf, am aros mewn swydd a oedd yn sugno fy egni ac yn fy ngadael i'n wag.

Roedd fy nhafol ar ogwydd, ac un o'r rhesymau dros symud i Suffolk oedd dod o hyd i gydbwysedd gwell ac adfer y dafol cyn i fi syrthio a chael fy ngadael, fel potel yn troelli'n araf ar y llawr, heb wybod ble i stopio neu a fyddai'r troelli byth yn dod i ben.

Wrth edrych yn ôl, doeddwn i ddim wedi sylweddoli 'mod i ar goll i'r fath raddau a pha mor ddiflas oeddwn i. Fel Macbeth yn nrama Shakespeare, roeddwn i wedi camu'n rhy bell i garthion bywydau dynol i allu troi'n ôl. Ond yr eiliad honno, wrth i fi sefyll mewn cae yn Friston, roeddwn i'n gallu troi'n ôl o'r diwedd. Roedd gen i rywbeth nad oedd gan Macbeth erioed: Peter.

Felly, dyna lle'r oeddwn i, yn sefyll wrth ymyl fy meic, ar fin seiclo 300 milltir gydag un o'r bobl fwyaf caredig, doniol a doeth i fi ei gyfarfod erioed. Dyn a oedd yn byw gyda baich ddigon trwm i wneud i'r rhan fwyaf o bobl grymu. Roedd yn gyfle i fyfyrio am ychydig, gollwng gafael ar y gorffennol a gwenu, a gwybod bod Peter wedi chwarae rhan fawr yn newid ffocws fy ngolwg aneglur a diffygiol. Hwn oedd yr ennyd mawr: lle'r oedd symud i Suffolk yn gwneud synnwyr llwyr.

Roedd Peter wedi dod â fi i'r lle tawel hwn lle'r oedd pobl yn bositif a wir eisiau bod yn rhan o rywbeth, lle'r oedd pobl wedi cael eu cyffwrdd gan stori un dyn ac am fod yno yn fwy na dim byd arall. Roedd y gwrthgyferbyniad mor glir â hoel ar bost. Yr eiliad honno, ar y diwrnod hwnnw, yn fwy nag unrhyw ddiwrnod arall yn ystod y flwyddyn flaenorol, roeddwn i'n teimlo 'mod i wedi cyrraedd a bod y staeniau brwnt ac aneglur a oedd yn cymylu fy ngolwg ar fywyd wedi cael eu sychu'n lân. Fe wnes i afael ym mraich Peter yn fwy tynn nag oedd angen, mae'n debyg. "Diolch," dywedais.

Yn ddealladwy, roedd fy mrwdfrydedd i'n ei ddrysu, ond gwenodd Peter yn ei ffordd ddihafal ei hun gan ddweud, "Dwi'n falch dy fod ti yma. Fyddwn i ddim yn g'neud yr her hon oni bai amdanat ti."

Fel pererin, roeddwn i wedi dod i Suffolk er mwyn canfod llwybr newydd. Pe bawn i'n berson crefyddol, fe fyddwn i wedi dweud mai'r eiliad honno oedd fy epiffani. Doedd gen i ddim ffydd grefyddol, ond roeddwn i wedi fy mendithio oherwydd roedd fy ffydd mewn dynoliaeth wedi ei hadfer, hyd yn oed os oedd hynny ar ffurf dyn mewn Lycra, a chanddo salwch creulon ac angheuol, a oedd ar fin dringo ar feic peni-ffardding 52 modfedd a seiclo 300 milltir i dir anghyfarwydd.

(iii)

DYDDIAU 1-6

Dechreuodd nifer o bobl o grŵp seiclo Sax Velo ar y daith gyda ni. Mae'n rhaid ein bod ni wedi edrych yn griw diddorol: wyth o bobl ar feics ffordd y tu ôl i un dyn ar feic peni-ffardding, fel cywion yn dilyn hwyaden, gyda ffydd ddiwyro eu bod nhw'n mynd i rywle diogel. Fel y soniodd Peter yn ddiweddarach, y gwir amdani oedd fod hynny braidd yn od: pobl yn ymddiried mewn dyn a oedd yn byw gyda dementia na allai gofio ble roedden ni'n mynd o un eiliad i'r llall.

Fe wnaethon ni seiclo i Woodbridge cyn cael ein hoe dishgled gyntaf. Roedd gohebydd ITV yno i'n cyfarfod ni, ac i gyfweld â Peter unwaith eto. Roedden ni'n teimlo gwefr go iawn a gwir ymdeimlad ein bod ni'n rhan o rywbeth arbennig a rhyfeddol. Roedden ni mor freintiedig i fod yma, gyda Peter, yn ymuno ag ef ar ei daith, yn ei frwydr yn erbyn dementia, a chael bod yn rhan o'i fyddin a oedd yn ceisio goresgyn dementia, er efallai am ddim ond cyfnod byr.

Ein stop amser cinio cyntaf oedd Ipswich ac yna, ar ôl hynny, roedden ni'n mentro i ardal anghyfarwydd. Roedd yna bethau newydd a rhyfeddol i'w profi bob dydd, ond roedd 'na un agwedd yr un fath ymhob man, sef bod pobl yn wirioneddol falch o'n gweld ni. Yn ystod yr wythnos, fe wnaethon ni dderbyn rhoddion gwerth dros £800 mewn arian parod gan ddieithriaid.

Fe wnaeth ymateb pobl yn ystod yr her fy syfrdanu i: roedd y gefnogaeth a'r ewyllys da yn amlwg wrth i ni seiclo drwy Ddwyrain Anglia.

Roeddwn i wedi postio manylion y daith ar dudalen Facebook Peter, gan gynnwys ble'r oedden ni'n aros i gael cinio, rhag ofn y byddai unrhyw un eisiau ymuno â ni ar y daith. Unwaith eto, gwelwyd yr effaith roedd Peter yn ei chael ar eraill wrth i ddau gwpl, yn annibynnol ar ei gilydd, deithio'n arbennig i leoliad ar y daith, dim ond i ddweud 'helo'. Roedd gan y ddau gwpl bartner a oedd yn byw gyda dementia ac roedd yn anhygoel gwylio Peter yn sgwrsio â phobl na wyddai a oedd yn eu hadnabod ai peidio, yn gwneud iddyn nhw chwerthin, yn gwneud iddyn nhw deimlo'n gartrefol. Doeddwn i erioed wedi dod ar draws cymeriad mor garismatig â Peter.

Fe danlinellodd hyn i bob un ohonon ni faint o effaith roedd Peter yn ei chael ar bobl eraill a oedd yn byw gyda'r cyflwr. Roedden nhw'n ei gyfarch fel pe bai'n ffrind iddyn nhw, er mai dim ond yn rhithiol roedden nhw'n ei adnabod mewn difri. Roedd yr effaith a gafodd Peter – ac y bydd yn dal i'w chael – ar fywydau pobl eraill yn amlwg yn enfawr.

Ar ein trydydd diwrnod, fe wnaeth Peter gyfweliad byw gyda BBC Radio Suffolk. Dim ond Peter fyddai wedi gallu gwneud cyfweliad mor ffwrdd â hi mewn dillad seiclo, wrth yfed dishgled o goffi mewn caffi gorlawn.

Roedd y beic peni-ffardding heb os nac oni bai yn llwyddo gyda'i fwriad o ddenu sylw. Wrth i ni stopio am goffi yn Abingdon, dechreuodd dynes oedrannus sgwrsio â ni. Aeth i'r drafferth wedi hynny i gysylltu â Young Dementia UK a chyfrannu rhodd hael iawn, ac ysgrifennodd erthygl yn ei chylchgrawn plwyf lleol yn apelio am roddion pellach.

Yn yr un modd wrth i ni droi sha thre, fe wnaethon ni gwrdd â chriw a oedd wrthi'n cael aduniad, hanner can mlynedd ers eu dyddiau ysgol. Rhoddodd Peter ddarlith fyrfyfyr ar ei feic peniffardding ac ar ei gyflwr, ac fe wnaethon nhw gasglu £80 at yr achos. Arwyddion o ewyllys da fel hyn oedd yn parhau i adfer fy ffydd yn yr hil ddynol. Roedd yna bobl dda allan yna; roedd hi'n amlwg bellach mai dim ond arwyddion bach oedd eu hangen arna i, i f'atgoffa o hynny.

Wrth i ni groesi'r llinell derfyn, roedd golwg o lwyddiant, llawenydd a chariad pur ar wyneb Peter, delwedd fydd wedi'i serio ar fy nghof am byth, gobeithio. Dyma oedd yr uchafbwynt i Peter: roedd wedi herio ei hun i gwblhau tasg galed o ddycnwch corfforol, a doedd yr anghenfil dementia ddim wedi llwyddo i'w rwystro unwaith. Os oedd e wedi profi unrhyw amheuon, roedd wedi llwyddo i'w cuddio nhw; pryd bynnag y byddai blinder yn bygwth, fe safodd yn dalsyth a dewr, yn union fel Caniwt, a gwrthsefyll grym tonnau dementia. Am y chwe diwrnod hwnnw, roedd Peter yn frenin ac er y byddai wedi blino'n lân erbyn min nos, doedd hynny'n poeni dim arno. Roedd Peter wedi gafael yn ei anghenfil dementia, wedi ei wthio ar wastad ei gefn a phlannu un droed fuddugoliaethus ar ei stumog.

Wrth i ni ddod oddi ar ein beics, dyma Peter yn troi ata i a dweud, "Yr olwynion yn troi ydy'r deinamo sy'n gyrru fy niwrnod."

PENNOD

WYTH

GORFFENNAF 2019

PETER

(i)

TORRI FY NGHWYS FY HUN

Roedd yr her drosodd. Roedd y synnwyr o lwyddo'n dal yn fyw, ond mi oeddwn i hefyd yn teimlo'n wag, ac yn gwybod bod angen her newydd arna i, a hynny'n reit sydyn!

Ychydig dros flwyddyn sydd yna ers i fi gyfarfod â Deb. Mi wnaethon ni eistedd lawr a sôn am ysgrifennu'r llyfr yma; trafod ei blwyddyn gyntaf yn Suffolk a sut mae 'mywyd i wedi newid ychydig ers hynny, sut roedd mwy o fy ngalluoedd i wedi dirywio. Mi wnaethon ni sôn am yr holl bethau roeddwn i wedi'u gwneud, rhai efo'i chymorth hi, rhai hebddo. Roedd yn rhaid i fi bori drwy Facebook a rhai o'r lluniau i greu rhyw fath o atgof, ond roeddwn i'n teimlo ein bod ni wedi cyflawn cryn dipyn. O ran f'atgofion, teimladau oedd yn ysgogi'r rhan fwyaf ohonyn nhw erbyn hyn yn hytrach na'r meddwl.

Ond roeddwn i'n sicr o un peth. Roedd hi wedi bod yn flwyddyn anhygoel. Ac eto, er 'mod i wedi cyflawni cymaint, y

151

teimlad oedd 'mod i angen her newydd. Roeddwn i wrth fy modd efo seiclo, a fyddai dim byd yn cymryd ei le, ond mi oeddwn i hefyd yn gwybod bod angen rhyw ysgogiad arall arna i yn y dyfodol.

Mi wnes i drafod ambell syniad am her newydd efo Deb, ond doedd dim byd wir yn taro deuddeg. Mi fyddai unrhyw her hir yn golygu aros dros nos, a byddai hynny wedi golygu'r angen i Teresa gymryd amser i ffwrdd o'r gwaith. Efo'i holl ewyllys da, doedd hi ddim wir yn teimlo'r awydd i wneud hynny, naill ai'n emosiynol neu'n ariannol. Roeddwn i'n deall hynny'n llawn. Teresa oedd fy nghraig i, ac mi oeddwn i ei hangen hi wrth fy ochr i afael ynddi. Ac os oeddwn i angen fy nghraig, doedd hi ddim angen maen melin am ei gwddf ar ben ei chyfrifoldebau eraill, a dyna'n union beth fyddwn i.

Ar ben popeth arall, roedd hi hefyd yn anodd rhagweld sut byddwn i'r adeg hon y flwyddyn nesaf. Roedd meddwl am hynny'n fy nychryn i, felly'r peth callaf oedd rhoi'r cyfan allan o'm meddwl, ac efo cof fel f'un i, y gwir plaen oedd bod hynny'n reit hawdd.

I lenwi'r amser tra roeddwn i'n pwyso a mesur pethau, mae'n bosib 'mod i wedi awgrymu wrth Deb y byddai gen i ffansi gwneud rhywbeth yn ymwneud efo dŵr. Mae'n bosib 'mod i wedi awgrymu y byddwn i'n mwynhau her! Efallai 'mod i hyd yn oed wedi awgrymu y byddai croeso iddi ddod o hyd i rywbeth cyffrous a newydd i ni ei wneud. Mae'n rhaid bod merched de Llundain yn effeithlon – cyn i fi feddwl dim mwy am y peth, roedd hi wedi trefnu gweithgaredd canŵio i fi a Teresa, Martin a hithau, a dau ffrind iddi hi (Fliss a Stewart). Roeddwn i wedi cyfarfod â nhw o'r blaen ond yn amlwg doeddwn i ddim yn eu cofio.

Dwi'n gwybod bod Teresa'n amheus iawn am fynd i ganŵio oherwydd ei bod yn ofni'r anghyfarwydd, ac mi oedd hi'n anesmwytho wrth feddwl am ddisgyn i'r dŵr. Ond wyddoch chi be'? Mi oedd hi wrth ei bodd. Dwi wedi gweld llun oedd Deb wedi'i dynnu ar ei ffôn symudol. Pan dwi'n edrych ar y llun hwnnw, mae'r olwg ar ein wynebau ni'n fy nghyffwrdd i. Roedd Teresa a finnau'n dawel, fel wyneb y dŵr, a'r ddau ohonon ni'n gwenu'n hapus o fod allan yn yr awyr iach.

Pe bai yna ddarlun o anabledd cudd a oedd yn cael ei guddio'n eithriadol o dda, dyma fasa fo. Roedden ni'n edrych fel cwpl cyffredin, allan am y dydd efo ffrindiau. Doedden ni ddim yn edrych fel cwpl yn byw efo dementia.

Dwi weithiau'n eistedd adra, pan fydd llenni dementia yn cau ychydig a bod angen i fi orffwys, a dwi'n meddwl am fy mywyd.

Mae'n gallu bod yn anodd cael trefn ar fy meddyliau; mae canŵ dementia yn hwylio'n dawel i lawr nant Alzheimer a dydw i ddim eisiau mynd yn rhy agos at yr ymyl. Mae'r cwymp yn serth, a does dim ffordd yn ôl. Dwi'n gorfodi fy hun i badlo yn erbyn y llif, weithiau'n canu wrtha i fy hun hyd yn oed i foddi sŵn y tonnau'n torri islaw. Roedd y diwrnod o ganŵio yn un arbennig, er bod fy nghof i ohono wedi hen fynd. Dwi'n gwybod 'mod i'n padlo yn erbyn y llif, yn cadw'n ddigon pell o'r ymyl; dwi'n gwybod mai'r unig sŵn y gallwn ei glywed oedd fy heddwch mewnol fy hun ac ymdeimlad o dawelwch. Dwi'n gwybod 'mod i wrth fy modd.

Mi wnes i yrru neges destun at Deb yn ddiweddarach y diwrnod hwnnw: "Mi ges i badlo fy nghanŵ fy hun … mi adawodd dementia fy ochr i a doedd o nunlle yn y golwg … mi wnes i anghofio fy nghyflwr, mi wnes i anghofio dementia. Dyna be' oedd yn wych."

Wedyn mi wnes i ddechrau meddwl, wrth i fi eistedd yn y canŵ yng nghanol llynnoedd Norfolk. Roedd dŵr a natur ymhob man o'm cwmpas, ac mi oeddwn i weithiau'n gallu clywed Deb a Martin yn cael trafodaeth danbaid am pa gyfeiriad y dylai hi dynnu ei rhwyf, ac yna Deb yn ei thynnu i'r cyfeiriad anghywir yn ddieithriad! Roeddwn i'n hanner chwerthin wrth weld eu canŵ nhw'n troi mewn cylchoedd ond hefyd yn hanner meddwl am ble oeddwn i, cyn canolbwyntio ar ddim byd arall ond bod yno, ar ymdrech gorfforol rhwyfo a llywio'r canŵ. Ar ôl sbel, mi ddechreuodd fy meddwl i danio gyda phob math o feddyliau yn troi a throsi yn fy mhen. Mae'r rhan fwyaf o'r meddyliau wedi mynd, ond dwi'n cofio un.

Roedden ni'n seiclo eto y bore ar ôl i ni fod yn canŵio. Mi wnes i dynnu sylw Deb, a dweud 'mod i'n meddwl am fyw efo dementia fel padlo canŵ a hwnnw'n suddo. Dwi ddim yn gallu cofio beth arall ddywedais i, nac esbonio mwy na hynny, ond yn sicr roedd y ddelwedd yn fy mhen ac mi arhosodd hi yno'n styfnig am weddill y dydd.

DEB

(ii)

FEL CAWR YN EI GANŴ

Fel arfer, rydyn ni'n seiclo. Dyma fi'n dweud wrth Peter, "Fe dreulion ni ddoe yn canŵio. Fe wnes i wir fwynhau." Dwi wedi dysgu peidio â dweud, "Wyt ti'n cofio?" – dwi'n gwybod bod hynny'n ei wylltio, er nad yw'n gadael i hynny ddangos. Pwy fyddai eisiau clywed y geiriau, 'Wyt ti'n cofio?' pan ei bod hi'n debygol nad ydyn nhw?

Felly dwi wedi dysgu sgil newydd, ffordd o ddechrau brawddeg sydd ddim yn tynnu sylw at y ffaith fod Peter wedi anghofio rhywbeth, mwy na thebyg, ond fydd, ar yr un pryd, yn ei atgoffa o rywbeth rydyn ni wedi'i wneud.

Dydw i dal ddim yn gwybod ydy Peter yn cofio'r pethau rydyn ni wedi'u gwneud neu ydy e'n dewis dweud ei fod yn cofio er mwyn lleddfu unrhyw ofid dwi'n ei deimlo am hyd a lled ei broblemau cof. Yn sicr, dydw i ddim yn gwybod ydy e'n cofio'r daith ganŵio gydag unrhyw eglurder neu oes yna fymryn o atgof ar ôl, ond mae beth bynnag mae'n ei gofio wedi sbarduno un arall o'i wirebau proffwydol.

"Dyma'r peth," meddai, "mae byw efo dementia fel padlo canŵ. Dwi'n padlo i ffwrdd ac yn cyrraedd lle dwi eisiau bod, ac yna mae 'na dwll yn ymddangos yn y canŵ. Dydy hynny ddim yn broblem o gwbl achos 'mod i'n gallu dod o hyd i rywbeth i lenwi'r twll. Mae'r broblem yn gwaethygu pan fydd 'na dwll arall yn ymddangos. Mae hynny'n digwydd ar hap llwyr. Dwi'n gallu trwsio neu ymdopi efo un twll, ond mae eu trwsio nhw i gyd yn anodd. Falla 'mod i'n suddo?"

Dwi'n cadw fy llygaid ar y ffordd wrth i fi seiclo, ond mae fy meddwl a 'nghalon i wedi crwydro i'r dŵr lle, ddoe ddiwethaf, roedd Peter yn mwynhau diwrnod heb ddementia. Ond nawr, yn lle'r llyn tawel lle cafodd pob un ohonon ni gymaint o hwyl, dwi'n gallu gweld Peter yn padlo'n wyllt drwy ddyfroedd sy'n drwm gan ddementia. Nid crocodeiliaid sy'n llechu yn nyfnderoedd tywyll y dyfroedd yma, ond rhywbeth llawer gwaeth: ofnau am y dyfodol a hiraeth am yr hyn a gollwyd sy'n tagu'r dyfroedd hyn, ynghyd â thristwch nad oes modd ei ddiffinio'n llawn na'i drwsio'n llwyr.

Mae Peter yn cadw'r cythrwfl emosiynol hwn o dan yr wyneb ac, fel cawr, mae'n eistedd yn dalsyth yn ei ganŵ, yn curo'r ofnau i lawr gyda'i rwyfau. Dyw e ddim yn mynd i adael iddyn nhw ymosod ar y canŵ – mae'n rhaid iddo'u cadw nhw draw; mae'n mynd i'w cadw nhw draw! Ond mae'r ofnau hyn yn ofnau ystyfnig. Dydyn nhw ddim yn mynd i gael eu tawelu; maen nhw eisiau dweud eu dweud, felly maen nhw'n bwrw'u pennau bach cas ar waelod y canŵ yn ddidostur o benderfynol – tap, tap, tap – nes eu bod nhw o'r diwedd yn gallu sleifio, fel penbyliaid, drwy dwll yn y canŵ, y twll bach hwnnw yn y gornel nad yw Peter wedi ei weld na llwyddo i'w drwsio. A dyna ble maen nhw'n eistedd, Peter a'i ofnau, yn cael eu swcro gan ei ddementia, yn cael eu diddyfnu ar fêr celloedd ei ymennydd. Mae brwydr a hanner yn dechrau: weithiau, mae Peter yn eu taflu dros yr ochr, yn ôl i'r dŵr lle maen nhw'n troelli, yn chwyrlïo ac yn suddo i'r gwaelod, ond weithiau mae'n methu â gwneud hynny, dydy'r egni ddim ganddo, ac maen nhw'n eistedd wrth ei ochr, yn y canŵ ac yn syllu lan arno, yn ddi-baid. Yn aros.

Dwi'n credu bod Peter yn sylweddoli bod fy nychymyg wedi gwibio i gyfeiriad dagreuol. Felly, heb gyfeirio at unrhyw beth penodol, mae'n dweud, "Wsti be', wnaeth fy nain i erioed fynd i weld meddyg yn ei bywyd. Wnaeth hi erioed gofrestru efo un."

Dwi'n teimlo rhyddhad o gael fy achub o sugno di-baid dyfroedd dementia a chael fy nhynnu'n ôl i dir solet o dan draed.

"Beth am ddeintydd?"

"Na, dim deintydd chwaith."

"Beth os oedd y ddannodd arni hi?"

A dyma Peter yn ymateb, fel pe bai'r dyna'r ateb hollol amlwg, "O, wel, os felly, mi fyddai hi'n mynd i weld Yncl Hubert, ti'n gweld."

Yn falch bod dannedd ei ddiweddar fam-gu wedi bod mewn dwylo da, fel pe bai, dwi'n gofyn, "O. Deintydd oedd e?"

Atebodd Peter, "Na. Trefnydd angladdau."

Ie, dyna Peter i'r dim – yn cyfosod myfyrdod difrifol am ei ddementia gyda hanesyn bach am ei deulu. Mae'r agwedd gwydr hanner llawn yn dal yn amlwg er gwaetha pawb a phopeth, ond dwi'n gwybod na fydd y ddelwedd annifyr a chythryblus o'r canŵ a'r ffurfiau sinistr yn chwyrlïo fymryn o dan wyneb y dŵr byth yn bell i ffwrdd o hyn ymlaen. Dwi'n gwybod 'mod i hefyd yn aros i'r twll nesaf ymddangos a bod Peter, mewn penbleth, yn mynd i geisio ei gau. A dwi'n gwybod hefyd, gyda sicrwydd digalon, y daw dydd pan fydd hi'n amhosib cau'r twll.

HYDREF 2019

Mae'r tywydd wedi troi ac mae'n debyg taw dim ond llond llaw o deithiau seiclo hir arall fydd yn bosib cyn iddi droi'n oer a gwlyb. Dwi a Peter yn teimlo'n ddigalon, fel pe baen ni'n dau ar fin colli hen ffrind. Rydyn ni newydd seiclo i Framlingham; rydyn ni'n eistedd yn ein hoff gaffi ac yn trafod cyfeillgarwch a'r hyn mae'n ei olygu i'r ddau ohonon ni.

"Mae'n od iawn," meddai Peter. "Dwi wedi dy adnabod di ers dros flwyddyn bellach ac eto dydw i ddim yn dy adnabod di. Dwi ddim wir yn gwybod dim byd amdanat ti. Dwi'n siŵr dy fod ti wedi dweud wrtha i, ond does gen i affliw o syniad sut un oeddet ti yn dy arddegau, sut brofiad oedd tyfu i fyny, ydy dy rieni di'n fyw, sut mae dy berthnasoedd di wedi bod, beth oedd dy waith di; mae'n union fel petaet ti'n ddieithryn. Ac eto, ac eto … dwi'n teimlo cysylltiad emosiynol efo ti."

Dwi'n eistedd ac yn ystyried hyn. Mae e'n iawn. Mae'n berthynas unochrog iawn yn hyn o beth. Dwi'n gwybod cymaint am Peter, am ei dad a'i deulu, am ei gyflwr emosiynol, ei ofnau a'i obeithion ac, wrth gwrs, am ei ddementia. Dwi wedi rhannu meddyliau ac emosiynau gyda Peter hefyd; pan fydd dau berson yn treulio cymaint o amser gyda'i gilydd yn seiclo ac yn ysgrifennu, mae'n anochel y bydd darnau bach o'u bywydau'n cael eu dadlapio, yn betrus, yn swil efallai, ond eu dadlapio serch hynny. Yn ystod yr amser dwi wedi adnabod Peter, dwi wedi dod yn fam-gu, ac mae hynny'n ddigwyddiad eithaf pwysig ym mywyd unrhyw un. Mae Peter wrth ei fodd yn gweld lluniau o'r babi ac mae ganddo ei ofidiau ei hun na fydd yn ôl pob tebyg yn cael profi'r llawenydd o fod yn dad-cu; ac eto, mae yna gyfnodau hir yn nyddiau Peter pan nad yw'n cofio 'mod i'n fam-gu.

Mae cyfeillgarwch yn gallu dinoethi rhywun, ond dim ond un ffordd mae hynny'n digwydd yn ein hanes ni. Felly, er bod llawer o straeon ac anturiaethau Peter yn gyfarwydd ac y byddwn i, mwy na thebyg, yn gallu cwblhau llawer o'r hanesion hyn ar ei ran, cymaint dwi'n gallu'i gofio, bob tro dwi a Peter yn cwrdd, dwi fel rhyw ddieithryn niwlog, yn llawn cyfaredd a dirgelwch. Ond eto dwi mor gyfarwydd iddo hefyd. Dydw i ddim yn gallu dychmygu sut beth yw hynny ac mae meddwl am y peth yn fy ngwneud i ychydig yn anghyfforddus, oherwydd dim ond nawr mae hynny'n gwawrio arna i.

"Beth wyt ti'n ei wybod amdana i?" dwi'n gofyn.

Mae'n oedi. "Mae gen ti … ddau fab, dwi'n credu?"

"Oes."

"Dwi'n nabod Martin, wrth gwrs, a dwi'n gwybod ei fod o'n licio cacennau. Er nad ydw i'n gwybod sut mae o'n edrych tan dwi'n ei weld o."

Tawelwch hirach.

"Ym, dwi'n gwybod dy fod ti'n hoffi seiclo!" Mae'n siarad er mwyn siarad erbyn hyn.

Dwi'n gwybod ei fod yn f'adnabod i mor dda, ac eto dyw e ddim yn f'adnabod i o gwbl.

"Mae'n rhaid i fi ddefnyddio ychydig o reddf neu deimlad i wybod a alla i ymddiried mewn pobl," meddai, "achos alla i ddim seilio fy nheimladau ar ffeithiau bellach. Ac mae hynny'n gwneud pobl sy'n byw efo dementia yn eithaf bregus yn emosiynol, ti'm yn meddwl?"

Ond cyn i fi allu ateb neu fynd yn drist, mae'n ymddangos bod Peter yn gwybod ei bod hi'n bryd newid y pwnc. Er ei fod yn honni nad yw'n f'adnabod i, mae'n gwybod nad yw eisiau achosi poen neu ofid diangen i fi. Mae Peter, dwi wedi dod i sylweddoli, yn emosiynol reddfol iawn ac yn sensitif i gliwiau corfforol cynnil. Efallai bod hynny'n rhywbeth sydd wedi dod gyda'i ddementia, rhyw fath o glogyn amddiffynnol ar ei gyfer e ac ar gyfer pobl eraill hefyd. Yn aml, mae e wedi dweud wrtha i nad yw eisiau bod yn faich arna i drwy 'ngorfodi i fynd i seiclo a finnau efallai eisiau gwneud rhywbeth arall. Mae'r syniad o fod yn faich yn anathema iddo, yn ogystal â realiti sy'n dynesu'n gyflym gyda phob diwrnod sy'n gwibio heibio.

"Maen nhw'n edrych yn neis," meddai. Mae wedi gweld y cacennau wy.

"Cymer un, 'te!" dwi'n dweud. "Cer amdani!"

"Www, dyna syniad da. Dwi'n licio cacan wy," mae'n cyfaddef.

Rydyn ni'n cael tipyn o hwyl, yn trafod rhinweddau'r cacennau wy am ychydig, y manteision a'r anfanteision, y calorïau ynddyn nhw o'i gymharu â sawl calori rydyn ni wedi'i losgi wrth seiclo. Ac yna, wrth i'w feddwl symud i ganolbwyntio ar rywbeth arall, dwi'n sylweddoli ei fod wedi symud ymlaen.

Mae e'n dweud, "Ia, dwi wedi bod yn meddwl am ein her nesaf."

"A?"

"A… wel, dyma'r peth. Mae ddoe wedi bod ac wedi mynd yn angof; mae fory yn dal gen i am 'chydig. Dwi o hyd yn edrych ymlaen at fory. Bydd pob ddoe yn fory i fi bellach. Mae 'na wawr newydd yn codi i daflu cysgod dros y dementia. Dwi ddim yn gwybod be' fydd yr her eto, ond dwi'n gwybod y bydd 'na un."

Dwi'n edrych arno, yn gegrwth.

"Wnei di sgwennu hwnna lawr?" gofynnodd. "Mi oedd hwnna'n eitha' da, 'toedd? Wel, dwi'n meddwl ei fod o. Dwi ddim yn cofio'n union rŵan."

"Roedd e'n fwy na da. Dyma'r peth," meddwn i, "… roedd e'n syfrdanol."

A dyma Peter yn gwenu arna i ac yn brwsio ei ysgwyddau, fel pe bai'n gwthio ei anghenfil dementia i ffwrdd yn ddirmygus, dim ond er mwyn dangos mai fe yw'r bos, er am gyfnod byr, a dwi'n gwybod bod ei huodledd eisoes wedi mynd yn angof.

"Wel, wyt ti'n mynd i gael cacen wy?" dwi'n awgrymu.

Mae'n edrych wrth ei fodd. "Www, dyna syniad da. Dwi yn licio cacan wy," meddai Peter, a dwi'n teimlo ias oer yn rhuthro tuag ata i, yn tyllu drwy'r croen yn ddwfn i 'mherfedd i, lle mae'n nythu a phigo: yn yr eiliadau hynny ers i'r syniad ddod i'w ben, mae e eisoes wedi ei anghofio. Weithiau, mae'n berfformiwr mor ddawnus, gyda gallu gwych i edrych ar ei ddementia a'i herio, fel 'mod i'n synnu pan fydda i'n cael pwniad sydyn a phoenus yn yr asennau, fel hwn, arwydd fod ei gof tymor byr yn dal i ddirywio. Dwi'n ymwybodol iawn hefyd fod y bylchau yn ei gof tymor byr yn codi'n amlach. Ac yn yr ennyd hwnnw hefyd, dwi'n cael rhyw argraff o sut beth yw byw yr un ennyd dro ar ôl tro, ac eto bod hwnnw, ym myd Peter, yn foment wahanol hefyd. Mae'n f'anesmwytho i a dwi'n teimlo ychydig ar goll. Dyma fywyd Peter: byw ac ail-fyw'r un senarios, yn gwbl ddiarwybod.

Fodd bynnag, fel Peter, dydw i ddim yn mynd i roi'r ffidil yn y to; cyhyd ag y medra i, dwi'n mynd i fod yno i'w helpu gyda'r pethau mae e'n gallu eu gwneud, a'r nesaf ar y rhestr yw ei her newydd.

Beth bynnag yw'r her sydd ganddo mewn golwg – hyd yn oed os yw'n mynd yn angof bron cyn iddi droi'n atgof, fel y deisen wy fondigrybwyll – mae'n siŵr o ymwneud â beic o ryw fath: beic peni-ffardding, beic ffordd, beic mynydd – tandem efallai (er, gydag un llygad ar fy niogelwch fy hun, dwi'n mawr obeithio nad tandem fydd y dewis!). Dwi'n gwybod i sicrwydd 'mod i eisiau bod yn rhan o'r her honno.

"Ta waeth am hynny, yr her." Mae fflach o afiaith yn ei lygaid.

Dwi'n sylweddoli bod ganddo rywbeth yn ffrwtian yn ei feddwl a'i fod wedi bod yn tynnu fy nghoes i drwy'r amser. "Wel, dyma'r peth," meddai. Ac mae'n tynnu taflen o boced ei grys seiclo, fel consuriwr yn chwifio ei dric nesaf yn fy wyneb. Mae'r daflen gan Alzheimer's Research UK ac mae'n herio pobl i seiclo i godi arian ar gyfer ymchwil.

"Mi allwn ni seiclo ar ein llwybrau lleol a fydd 'na ddim angen aros dros nos."

Mae'n ymddangos fel her sydd wedi'i chynllunio bron yn benodol ar gyfer anghenion Peter. Rhan anoddaf yr her yw bod yn rhaid i'r seiclo ddigwydd dros fisoedd oer a diflas y gaeaf. Mae'r her hon yn berffaith: bydd yn ysgogi ac yn ysbrydoli ac yn ailffocysu meddwl Peter ar yr hyn y mae'n ei wneud orau.

"Mae 'na ddewis o bellteroedd: 300 milltir, 500 milltir neu 1,000 o filltiroedd ... be' am i ni wneud y 500 milltir?" meddai Peter, ond rydyn ni'n dau'n gwybod na fydd hynny'n ddigon.

"Neu 1,000 o filltiroedd," dwi'n cynnig, ac mae ei wyneb yn goleuo.

"Mi oeddwn i'n gwybod basa ti'n dweud hynna!" meddai. "Neu ydy hi'n bosib i ni wneud 1,000 o filltiroedd a rhyw fymryn bach mwy? Wel! Be' ti'n feddwl?"

Mae fy ysgwydd i'n dal yn boenus, a dwi wedi datblygu arfer o'i rhwbio, a dwi'n sylweddoli 'mod i'n gwneud hynny unrhyw bryd pan fydd angen i fi feddwl neu osgoi ateb yn syth. Dwi'n ei rhwbio eto, fel pe bawn i'n chwilio am esgus i beidio â seiclo dros 1,000 o filltiroedd, ac yna dwi'n cofio 'mod i'n eistedd gyferbyn â dyn sy'n byw gyda chyflwr angheuol.

Dydy'r poen cyson yn fy ysgwydd yn ddim mwy na smotyn annifyr o lwch yn yr aer o'i gymharu â'r cymylau tywyll a fydd un diwrnod yn ffrwydro a gollwng eu bustl dinistriol dros fyd Peter.

"Achos," meddai, "dydy fy stori i ddim drosodd eto. A'r neges sydd gen i ydy bod gan bawb efo dementia fwy i'w ychwanegu at eu straeon, ac y byddwn ni'n dal ati cyhyd ag y gallwn ni."

Dyw ei hyder llwyr a'i ffocws ar fyw yn yr ennyd erioed wedi bod yn fwy amlwg. I fi, mae Peter wedi rhoi ffocws newydd i fi ar fy mywyd; mae e wedi estyn allan, y tu hwnt i'w anghenfil dementia, a chyffwrdd yn dyner â'm henaid, gan adael marc amhosib i'w ddileu. Mae'n rhaid i fi fod yn rhan o'i daith epig a dewr wrth iddo seiclo tuag at ddementia. Dwi eisiau bod wrth ei ochr pan fydd yn troi cefn ar ei anghenfil dementia eto, pan fydd yn ffarwelio ag e am ddiwrnod arall, diwrnod arall pan fydd Peter yn gallu hawlio buddugoliaeth. Pwy na fyddai eisiau bod yn dyst i hynny? Ond yn bennaf oll, dwi eisiau bod yn rhan o daith Peter oherwydd dwi'n gwybod, gyda phob tro o'r pedalau, y bydd yn dod o hyd i'w achubiaeth.

Nodiadau

Cododd Her Seiclo y Pedair Sir dros £12,000 ar gyfer *Young Dementia UK*, gan godi cyfanswm o £19,500 i'r elusen o'i gyfuno â'r arian a godwyd yn ystod her gyntaf Peter.

Cododd her ddiweddar *Cycling Down Dementia*, ar ran *Alzheimer's Research UK* (1 Tachwedd 2019 i 31 Ionawr 2020), dros £1,500. Yn ystod y cyfnod hwn, seiclodd Peter 1,600 milltir, a llawer o hyn yng ngwynt a glaw gaeaf nodweddiadol yn Suffolk ar ei Claud Butler o'r 1950au!